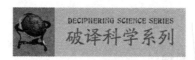

DECIPHERING SCIENCE SERIES
破译科学系列

王志艳◎编著

中华未解之谜

科学是永无止境的
它是个永恒之谜
科学的真理源自不懈的探索与追求
只有努力找出真相，才能还原科学本身

延边大学出版社

图书在版编目（CIP）数据

中华未解之谜 / 王志艳编著． —延吉：延边大学
出版社，2012.6（2021.6 重印）
（破译科学系列）
ISBN 978-7-5634-4857-9

Ⅰ．①中… Ⅱ．①王… Ⅲ．①科学知识－青年读物
Ⅳ．① Z228.2

中国版本图书馆 CIP 数据核字（2012）第 115140 号

中华未解之谜

编　　著：王志艳
责任编辑：李东哲
封面设计：映像视觉
出版发行：延边大学出版社
社　　址：吉林省延吉市公园路 977 号　邮编：133002
电　　话：0433-2732435 传真：0433-2732434
网　　址：http://www.ydcbs.com
印　　刷：永清县晔盛亚胶印有限公司
开　　本：16K　165×230 毫米
印　　张：12 印张
字　　数：200 千字
版　　次：2012 年 6 月第 1 版
印　　次：2021 年 6 月第 3 次印刷
书　　号：ISBN 978-7-5634-4857-9
定　　价：38.00 元

中华历史上下五千年，源远流长，她有着煌而灿烂的文化。作为华夏子孙，我们有责任和义务去了解她的方方面面：自然地理、风俗民情、宗教文化、科技人文。因为在浩瀚的历史文化中，在许多领域都存在着大量鲜为人知的疑团，尽管有史料典籍可供查证、追溯，但那些文字记载仍不足以还原真正的历史全貌。在时间的纵深之中，这些悬而未决的谜题受到世界人们的关注。这些谜题中，有些已随科技发展和考古学上的发现而得到了相对合理的破译和解释，有些却至今令人困惑。对这些谜题的究根寻底，使人们更立体地感受到中华文明的伟大和神奇。

中华民族是到底如何起源？妲己是怎样被世人妖化的？包公真的断案如神吗？青海白公山有"外星人遗址"吗？郑和下西洋的背后隐藏着怎样的秘密？《红楼梦》的作者究竟是谁？鄱阳湖是中国的"魔鬼三角"吗？

本书从介绍和探求的角度，以知识性和趣味性为出发点，在参考大量文献资料和考古发现等的基础上，全方位地展示了从古代文明到神秘传说、从自然地理到人文建筑、从帝王后宫到文化名人等各个领域中人们最感兴趣的疑点与谜团，客观分析并尽力揭示了谜团背后的真相。所选内容基本涵盖了各个领域中最具价值的内容。

本书的编写文字精练简洁，可读性强，适合不同层次读者尤其是青少年朋友的阅读需求。书中用娓娓道来的叙述语言和逻辑严密的分析方式，在充满趣味的探索中将读者引入一个古老而传奇的国度。全书图文并茂，通过上百幅精美的照片，向读者展示了那些令人困惑不解的未解之谜和神奇现象，帮助读者对这些现象有一个初步的认识，使读者在轻松愉悦的阅读中，不仅获得了知识，而且培养了科学严谨的求知精神。

本书在编写过程中，参考了大量相关著述，在此谨致诚挚谢意。对书中存在的纰漏和不成熟之处，恳请各界人士予以批评指正，以利再版时修正。

中国是人类起源的摇篮吗

1859年，达尔文创立"物种起源"学说，提出人是从猿进化而来的，明确打破了上帝创造人类的神话。1884年，恩格斯又发表了《劳动在从猿到人转变过程中的作用》一文，再次论证了猿之所以能变成人的根本机制。从此，世界的古人类学获得了长足的发展。然而，人究竟是由哪种类人猿演化而来的。是什么机制使类人猿向人的方向转化的。在世界的什么地方最具备从猿转化为人的客观条件，从而出现了最早的人类？这一直是学术界研究的课题，并且至今仍没有取得一致的结论。

△ 达尔文

目前，古人类学家在非洲发现了许多年代久远的古人类化石和古人类文化遗存现象，其中最著名的是在东非发现的能人，年代距今已有200万年以上；在埃塞俄比亚阿法尔发现的石器也在260万年以前。于是，许多科学家认为人类的起源地应在非洲。

中国位于世界欧亚大陆的东方，东边和东南是一望无际的海洋，东北有绵延起伏的大兴安岭和长白山，北部有黄沙万里的蒙古戈壁沙漠，西部有号称世界屋脊的帕米尔高原，西南有青藏高原和世界最高的山峰——珠穆朗玛峰，西北有阿尔泰山……独特的地理位置形成了一个与世界其他地域相对独

△ 物种起源

立的地理单元。在这幅员辽阔的地理单元内，西部和北部高寒缺雨，史前人类很难生存和发展，更难以与外界发生交往；中部偏东的黄河中下游和长江中下游气候适宜、土壤肥沃，非常适合史前人类生存、繁衍。

有的学者认为：大约生活在1500万～1000万年前的印度旁遮普拉马古猿是较接近人的，是人类最早的祖先。这种猿是在印度旁遮普发现的，但是在我国云南开远小龙潭及禄丰也发现了拉马古猿化石。特别是最近在禄丰石灰坝发现的大量古猿化石，其数量之多和形态之完整程度在同类古猿化石资料中极为罕见。这些古猿化石的形状接近于南方古猿和非洲大猿，也有一些形状接近于巴基斯坦和印度的古猿和亚洲现代大猿。

现代人类学的研究表明：人类不是从某一种古猿直接演化而来的，而应是某种人猿超科不断分化的结果。人类最早同古猿分开大约发生在400～500万年以前，那时已出现了南方古猿，其一支被称为粗壮南猿，他们有的能制造石器，也应该是人，但因身体构造过分特化，终于在100万年前或稍晚一些时候灭绝了；另一支纤细型南猿则可能通过能人而发展到直立人，再发展到后来的智人。这是一个非常复杂的过程，是现代人类考古学仍未完全阐述清楚的课题。有学者提出中国（特别是中国西南地区）是人类起源的摇篮之一，也不是没有道理的，这还有待于科学家们进一步的论证。

"三皇五帝" 之谜

三皇五帝被中国人视为是人类的祖先，自古以来，人们对其顶礼膜拜，他们的传奇故事更令人津津乐道。

"自从盘古开天地，三皇五帝到如今"，人们认为盘古是开天辟地的英雄。地形成以后，人类是怎么起源的。人类的生产与生活能力又是如何提高并一步步发展到现在的？这对今人来说是个永恒的谜。

在我国古代传说中曾记载着一些了不起的人物，他们把生产与生活技能传授给人们，使人类摆脱了茹毛饮血的原始生活，进入了文明发展的时期。

三皇五帝就是这类相当了不起的人物。

"三皇"是中国古代传说中的远古帝王，三皇说法自古不一。一般有7种说法：一、天皇、地皇、人皇；二、天皇、地皇、泰皇；三、伏羲、女娲、神农；四、伏羲、神农、共工；五、伏羲、神农、祝融；六、伏羲、神农、黄帝；七、燧人、伏羲、神农。"五帝"是中国古代传说中的上古帝王，实为原始社会末期的部族首领，也有5种不同的说法：一、伏羲、神农、黄帝、唐尧、虞舜；二、黄帝、颛顼、帝喾、唐尧、虞舜；三、太皋、炎帝、黄帝、少皋、颛顼；四、少昊（皋）、颛顼、高辛、唐尧、虞舜；五、黄帝、少皋、帝喾、帝挚、帝尧。

中国古书上，习惯把伏羲、女娲、神农称为"三皇"，把太皋、炎帝、黄帝、少皋、颛顼称

△ 三皇五帝

为"五帝",那么,"三皇五帝"仅仅是传说中的人物,还是实有其人呢?很多学者认为他们是中国古人想象中的氏族部落或部落联盟的领袖。关于"三皇五帝"的记载,虽然像是传奇的神话,却也能反映出中国古代原始社会氏族和部落的历史。

传说伏羲、女娲、神农是远古时代的大圣人,各有一些了不起的功绩。

伏羲,又作"宓羲"、"伏戏"、"包(庖)栖",又称"栖皇"或"皇羲",是中国古代传说中的人类始祖。据传他与其妹女娲氏婚配而孕生人类,又传说他教民结网、进行渔猎和畜牧,"做结绳而为网罟"。这是两件伟大的发明创造,但伏羲功绩远不止此。《易·系辞传》说:"古者包栖氏(伏羲氏)之王天下,仰则观象于天,俯则观法于地,观鸟兽之文,与地之宜,近取诸身,远取诸物,于是始作八卦,以通神明之德,以类万物之情。"看来伏羲既有极高的智慧,又爱民如子。

女娲氏也是中国古代传说中的人类始祖。传说她用黄土造人,炼石补天,治平洪水,杀死猛兽,使人民得以安居。另有传说她与其兄伏羲氏婚配而产生人类,似乎是给人类如何繁衍生息做出了典范。

神农在传说中是个主掌稼穑的土神。传说,神农看到人们吃生肉、喝兽血、穿兽皮、多病而短寿,非常难过。神农认为人们这样生活下去,是难以维持生存的。于是,他"尝百草之实,察酸苦之味,教民食五谷"。后来学者们推测,神农氏的事迹大致反映了相当于母系氏族制繁荣时期的社会情况。神农氏是传说中发明农业和医药的人。据传他用木制的耒耜教人们进行农业生产,反映了中国原始时代由采集、渔猎进步到农业生产的情况。

有巢氏在传说中是巢居的发明者。据说他教人们构木为巢,居住树上,以避野兽侵袭,这个传说反映了中国原始时代巢居的生活情况。

燧人氏是传说中第一个人工取火者。相传远古时代的先民"茹毛饮血",燧人氏教民钻木取火,教人们熟食,从而减少了疾病的发生。这个传说反映了中国原始时代人们从利用自然火发展到人工取火的情况。

黄帝姓公孙,号轩辕氏,又号有熊氏。传说黄帝族原先居住在西北方,过着不定居的游牧生活,打败蚩尤后又与炎帝族在阪泉发生三次大战。黄帝统率以熊、罴、貔、貅、虎等野兽为图腾的氏族参加战斗，打败了炎帝部落，进入黄河流域。从此，黄帝部落定居中原，并很快发展起来。史书记载"黄帝之子二十五宗，其得姓者十四人，为十二姓"，说明这些部落形成了巨大的部落联盟。黄帝后代与其他部落共同融合，形成中华民族，黄帝轩辕氏被看成是华夏族的始祖。后来，中国人自称是"黄帝子孙"。

后人把许多发明创造都归功于黄帝，传说他有许多发明创造，如养蚕、舟车、文字、音律、医学、算术等，都始于黄帝时期。说他用玉手兵器、造舟车弓箭、染五色衣裳，他让妻子嫘祖教人们养蚕，他任命大臣仓颉造文字、大挠造干支、伶伦制作乐器等。

炎帝，传说是上古姜姓部落首领，号魁连氏、连山氏，或曰列（烈）山氏、厉山氏。一说炎帝即神农氏，原居姜水（即岐水）流域，后向东发展到中原地区。相传炎帝牛头人身，可能是以牛为图腾的氏族首领，他们与九黎族发生了长时期的冲突。九黎族的首领叫蚩尤，兽身人头，铜头铁颈，头上有角，耳上有毛，硬如剑戟，能吃砂石。他有兄弟81人。蚩尤把炎帝驱逐到涿鹿（今河北西北桑干河流域）。炎帝向黄帝求援，双方在涿鹿大战一场。蚩尤请风伯雨师兴风作浪，造了大雾使黄帝的士兵迷失方向。黄帝请旱神女魃，令天气放晴，制造了"指南车"辨别方向。这场激烈战争的结果是蚩尤失败，被杀死了。黄帝取得胜利后，被推举为"天子"。炎帝曾与黄帝战于阪泉（今河北涿鹿东南）之野，被打败，遂与其部落结为联盟。后世将炎、黄并称，作为中华民族的共同祖先。

颛顼，号高阳氏，生于若水，居于帝丘（今河南濮阳东南）。曾命重任南正，掌祭祀；命黎任北正（一作火正），掌民事。一说他为黄帝子昌意的后裔，曾逼令被黄帝征服的九黎族禁绝巫教，顺从黄帝族的教化。古书记载"高阳氏有子八人"，可能这是八个氏族。后来，有个部落的首领共工对颛顼非常不满，愤怒地用头撞倒了不周山，顿时，撑着天空的柱子折了，拴着大地的绳子断了，于是天向西北倾斜，日月星辰移动；地在东南洼陷，江河随之东流。女娲炼五色石补天，断鳌足立四极，救民于水火。

尧是传说中父系氏族社会后期的部落联盟首领。又称陶唐氏，名放勋，史称唐尧。原居今河北唐县，后徙居今太原，任部落联盟首领后再迁至今山西临汾。相传曾设天文官，观察日月星辰变化以制定历法、区分时令，用鲧治水。晚年将君位禅让给舜，也有说他晚年为舜所囚，并被夺其位。

太皋，也称为太吴，姓风，相传他人头蛇身，或人头龙身，可能是以蛇或龙为图腾的氏族首领，居住在陈地（即现在河南淮阳县）。他应该是淮河流域氏族部落想象中的祖先。

少皋，也叫少昊，姓已，名挚，号穷桑帝，传说是黄帝的后代，居住在山皋一带。这个部落以鸟为图腾，可能是由24个氏族合成的一个大的部落。少皋族是黄帝族向东发展的一支。

尽管"三皇五帝"仅见于古书传说，但这些古代神话传说却形象地反映了我们中华民族勤劳、勇敢和智慧的光荣传统，深刻的说明人类社会的最初文明是经过艰苦卓绝的劳动和斗争创造出来的。

"尧舜禅让"之谜

据古代记载，尧是"三皇五帝"中的第四个帝，姓伊祁，名放勋，号陶唐氏，简称唐尧。舜姓姚，名重华。史书上说，尧是自动把权位让给舜的，夸赞说这是"举贤"，是权力交接的典范，即"尧舜禅让"。其实，这本是远古时代的传说，并无文字记载，后来到春秋战国时期才形成文字。因此，它的真实性历来被许多人怀疑。

先说"举贤"的故事。

尧很善于治理天下，任命羲和掌管天地，派羲仲等掌管东、南、西、北四方。他还制定了历法，把一年分为春、夏、秋、冬四季，共366天，使农牧、渔猎都按季节进行。尧在位70年，在他86岁那年，

△ 尧

自觉年老力衰，想找个继承人。不久，人们就推荐了贤能有德的舜。据说，舜是个眼珠里有两个瞳仁的奇人。舜从小死了母亲，跟双目失明的父亲过日子。后来，他有了继母，继母有个儿子叫象。象好吃懒做，凶悍顽劣，极能搬弄是非。象和母亲密谋，想方设法要害死舜，以好独得家产。但舜却以德报怨，一直善待他们，并不介意。尧知道后很满意，就把自己的两个女儿娥

皇和女英都嫁给了舜，以便对他进行了解和考验。舜靠自己的美德，在历山，使争夺土地的农民懂得了谦让；在雷泽，使争夺房屋的渔民化仇为友，和睦得如同一家人；在河滨，他还使陶工制的陶器更精致。这种种的政绩，使他英名远扬，每到一处，总有许多人紧随其后，逐渐形成了村落、乡镇、城市。尧给了舜很多东西，作为赏赐。

舜双目失明的父亲和象非常嫉妒，便想出更为狠毒的手段害舜。一次，父亲让舜到粮仓顶上干活，然后他在下面撤掉梯子，放了一把火想烧死舜。幸亏娥皇、女英早已识破了这个阴谋，让舜上粮仓时带上两顶斗笠。当下面火起之时，舜两手各举一顶斗笠，如同翅膀，从房上飘落下来，安然无恙。又一次，父亲让舜去淘井，想趁机往井里填土，活埋舜。没想到，舜竟在井壁上凿了一个洞，从斜道爬出来了，死里逃生。事后，舜并没有怪罪他们。

尧听说舜如此心胸宽广，对他更加放心，于是，就把治国大权交给了他，自己则带一班人马到各地巡视去了。舜就这样干了二十年，事事办得井井有条，深得人心。这时，尧已经一百多岁了，视察天下归来，就把全部权力都交给了舜，自己在家养老。又过了八年，尧去世了，舜把天下治理得更好，这就是"尧舜禅让"的故事。

还有一个"插曲"：舜到晚年也像尧一样到处视察，不幸在苍梧地区病逝。他的两个妃子娥皇和女英非常想念他，常常扶着门前的竹子落泪，点点滴滴的泪珠滴在竹子上，凝成了斑斑点点的花纹，也就是"湘妃竹"，也叫"斑竹"。

有人却认为这个传说是虚构的，根本不是"禅让"，而是"篡夺"，而且有理有据。

据《史记》记载，舜取得行政管理权后，为了巩固自己的统治，立即扶植亲信，排除异己，历史上称为"举十六相"、"去四凶"。所谓"举十六相"，就是将尧长期排除在权力中心之外的"八恺"、"八元"；舜同时起用了所谓的"去四凶"，就是把尧正在宠信的混沌、穷奇、饕餮等，同时除掉了，这样，就架空了尧。然后，舜又把尧软禁起来，不准他同儿子、亲友见面，再逼他让位。最后，把尧的儿子放逐到了丹水。尧让位之后总算可以安享天年了，因为他毕竟是舜的岳父。

从舜的死，也能说明这个问题。

历史记载：舜南巡，死于苍梧之野，葬于九嶷山。听到死讯以后，娥皇、女英跟到湖南，抱竹大哭，双双投水自尽。

想想看，几千年前的苍梧之地，人烟极稀，既非政治经济中心，又非边关防敌，舜干嘛去南巡？他当时已百岁高龄，到苍梧数千里之遥能走得动么？这么大的年龄出远门，为何没有家人照应？既然不带家眷，为什么后来两个妃子又为他投水而死？据此，台湾的柏杨先生得出结论：要么，是武装押解，不得不往；要么，是追兵在后，盲目逃生。二者必居其一，是耶，非也？

另外，也有人认为，不是"禅让"，而是"拥戴"。

孟子、荀子等人就认为，天子职位最高，权势最大，不可能把天下给人。那么，他们是怎样得到天下的呢？《孟子·万章篇》记载：尧死之后，舜避尧之子丹牛于南河之南，天下的各路诸侯都来朝见舜，打官司的也来找舜，歌谣也是歌颂舜。于是舜就接受了大家的好意，登了帝位。也就是说，不管尧禅让不禅让，诸侯和民众一"拥戴"，天下就是舜的了。到了禹的时候，也照此办理。这种"拥戴"，与几千年后宋太祖陈桥兵变、黄袍加身，毫无两样。

此外，还有一说，颇为有趣，叫"畏劳"，意思是说，尧舜禅让，没有那么严肃和神圣，只不过人们不想担当这份辛苦的职务罢了。《庄子》说，尧想把天下给许由，许由不受。又要给州支父子，州支父子也找借口不受。他们到底为什么不愿意就帝位？韩非说，尧在位的时候，屋顶的茅草不整齐，房子的椽梁不雕饰，吃的粗粮，咽的野菜，冬天裹着兽皮，夏天披葛布。即使一个守城门的人，也比他收入高。谁愿意自己辛劳一生，还把这份辛劳留给自己的子孙后代，也遭这份罪呢？

看来，围绕"禅让"之说，千奇百怪的传说甚多。

如果尧舜禅让确有其事，至少证明他们的高尚举动足以令后世帝王们汗颜了。

蚩尤来自何处

相传，五千多年前，在涿鹿发生了一场惨烈的战争。

一方是被今人奉为中华民族祖先的黄帝及与之联合出兵的炎帝，另一方则是长相怪异，身世神秘，不知来自何处的蚩尤。

这场战争用天昏地暗、鬼哭狼嚎形容一点也不为过。黄帝先以虎、豹、熊、罴作先锋，铺天盖地冲了上去，接着又截断了江河，准备把蚩尤淹死。而蚩尤却毫不畏惧，奋力抗击，并请来了风伯、雨师，刮起了狂风，下起了暴雨，阻止黄帝进军。黄帝看出蚩尤这样本领非凡，难以取胜，就派来玄女、旱魃前来助战。只听旱魃大吼一声："魃！"顿时，阳光普照，乌云无影无踪，大雨骤然停止；玄女一敲皮鼓，震天动地，声震500里，蚩尤被震得魂不守舍，晕头转向。蚩尤眼珠一转，忙又作起了弥天大雾，扬起了飞沙走石，使黄帝的大军迷失方向，分不清敌我，自相残杀起来，蚩尤趁机脱身。

蚩尤自以为作雾是其取胜的法宝，再次作战时便又骄傲起来，作起雾来。哪承想，魔高一尺，道高一丈。黄帝聪明异常，制造了指南车，因此在迷雾中仍能找准方向。于是直捣蚩尤的大本营。最后，出其不意的捉住了蚩尤，将他杀死，

△ 蚩尤

使之身首异处。

从此，黄帝统一了中原。华夏子孙在这片大地上繁衍生息，世世代代，一直到今。

可是，有一点值得怀疑的是蚩尤战败被杀之后，不但没遭到鄙视、唾骂，相反的，却被历代帝王和民间百姓尊奉为"兵主"、"战神"，顶礼膜拜。蚩尤究竟是何世人，是神，是怪物？还是……种种谜题令人费解。

据史料记载，蚩尤的长相极为奇特，是个铜头、铁额、人身、牛蹄、四只眼睛、八个脚趾、头上有角，耳鬓像戟，身上有翅膀，能飞空走险，能吞沙咽石，能说人言的奇异怪物。这样看来，它的骨骼和外壳都应该是金属制造的了。头上的角，是不是天线呢？四只眼睛，是不是光学探测管？八个脚趾，应该是运行装置，可进退自如。食沙吞石，大概是在采集矿石，就地化验、熔炼。有翅膀，当然可以起飞和降落。这么看起来，蚩进行细致的是个超级智能机器人？

《世本·作篇》说："蚩尤作五兵：戈、矛、戟、酋矛、夷矛。"《管子·地数篇》说："他们用葛卢山流出金属水，制成了剑、铠、矛、戟；又用雍狐山流出的金属水，制成长戟、短戈。"但近代考古学家根本找不到充分的证据，这令人百思不得其解。经考证，在众多的古代文化遗址中，只有两处与炼铜有关：

一是在与蚩尤大体相同年代的山东龙山文化遗址，挖掘出一些炼铜渣和孔雀石一类的炼铜原料，但却没有铜制兵器；

二是在河南发现有青铜兵器，但经过C-14测定，这些兵器应该是夏朝的东西，那是距蚩尤以后一千多年的事了。而蚩尤不但有大量铜制兵器，且能用于大规模的实战，这是当时人类不可能拥有的武器。

黄帝一方虽然兵多将广，但都是肉体凡胎，使用的是木棒石块，当然对付不了拿着闪光锃亮的戈矛的蚩尤一方。而且作为智能机器人，蚩尤呼风唤雨，拨云作雾，是很自然的本领。黄帝欲战而胜之，只得请外援——"天外来客"助战。"玄女"鸟首人身，"应龙"则是一条有翼的龙，或许就是一条宇宙飞船。他们发出的喊声、鼓声可能是某种电波或声波，干扰、破坏了蚩尤的通讯系统或控制系统，蚩尤才战败被擒。

《络史后记》对蚩尤之死，用了一个"解"字。《述异记》记载，涿鹿战场上的冀州人挖掘出的蚩尤骨"如铜铁"，还说："今有蚩尤齿，长二寸，坚不可碎。"说"今有"，表明作者所在的时代（南朝·梁）此物尚存。据此推测，蚩尤的骨头应该是轻如骨的高级合金，它的骨骼是一付多功能的首异处，即是被分解拆卸开了。

由此推之，在当时人类的眼中，蚩尤并不是一具可朽可腐的血肉之躯，而是代表着一种强大的、神秘的、超自然的力量。

据说蚩尤死后，天下再度动乱起来。黄帝并不声张自己的声威，反而教人画许多蚩尤的画像，到处张贴，居然换得"万邦弭服"，天下又太平起来了。

再者，史料记载中没听说蚩尤酒色无度、荒淫无耻，也没听说蚩尤嗜杀成性、涂炭生灵，仿佛它没有人类君王的性格和感情。那么，是因为它的身体中没有情感装置，还是蹂躏地球生物不是它的使命？古籍中只评价它"贪"——贪什么？贪取地球上的一切物质标本吧！这应该是外星人占领地球的唯一的使命。

这种种假说、猜想怎样证实呢？我们只有期待科学技术不断进步了，人类才能在认识自己祖先的同时，真正的认识自己。

中国汉字起源之谜

　　文字是人们进行思想交流的重要工具。文字的出现和使用，是人类文明的一大进步。从世界范围来看，最古老的文字产生在三大文明发源地：中国的古汉字、古埃及的圣书字和古代两河流域的楔形文字。这些文字都属具有象形意味的文字，它们经过历史的变迁，不断演变。楔形文字在公元前4世纪就灭亡了，古埃及文明到公元5世纪也中断了，唯有中国的古汉字历经几千年，一脉相承发展到今天，成为我们现今所使用的文字。中国汉字以象形文字为特征，在人类语林中独树一帜，它在文字、语言上的优点，是世界上任何其他文字无法比拟的，也正在为使用表音文字的人们所认识与接受。

　　但是，汉字究竟起源于何时呢？至今也没有统一的说法。

　　一是仓颉造字说。

　　东汉的许慎在《说文解字》中说：远古伏羲氏作"八卦"以垂宪象，神农氏以"结绳"来记事，黄帝的史官仓颉创造了"书契"。其中，"八卦"是由记数符号构成的，"结绳"也属于一种记数法，而"书契"则是指刻写在陶坯或甲骨上的文字，从"八卦"、"结绳"到"书契"，反映了原始文字的起源和发展的几个阶段。因此，在汉字起源的诸多说法中，以"仓颉造字说"的影响比较大。

　　《世本》、《荀子》、《吕氏春秋》、《韩非子》等古文献，也都肯定了"仓颉造字说"。《说文解字》如此解释：伏羲作"八卦"以垂宪象，启发人们根据不同的事物去作不同的符号。神农氏时代结绳而治，但庶事繁多，终于满足不了需要，于是，在黄帝时代就出现了仓颉。仓颉见鸟兽蹄之迹，"依类象形"谓之文，后来形声相益谓之字。经过长期的演进与发展，总结成构成汉字的六种方法，称为"六书"，即"指事、象形、形声、会意、转注、假借"。《元命苞》则说，仓颉仰观星象圆曲之势，俯察龟纹、鸟羽、山川、甚至掌纹等，都是他据以创造文字的基础。

一般来说，"仓颉造字说"是汉字起源诸说中最具权威性的了。

二是陶器刻符说。

随着仰韶文化陶器记事符号的发现，不少专家学者认为，这是具有汉字性质的符号。根据考古发现，龙山文化、大汶口文化、良渚文化和二里头文化中出土了一大批带有记事符号的陶器。有些确实非常接近于文字，特别是大汶口文化陶器的一些刻符被解读为斤、戌、炅、斧、且等，于是人们认为，中国汉字起源于陶器刻符。

这些陶器刻符，应当属于许慎所说的"书契"性质的文字。但现有的陶符接近汉字的还不多，而且能够解读的更少，它们尚是一种很不完备、不成系统的、还处于萌芽状态的文字符号，它还不能准确的记录连贯成句的情

△ 中国汉字起源

趣的狩猎岩画，用简单的图画描绘了终日驰骋于深山幽谷的猎人们行猎的场景。牧畜岩画则展现了古代饲养家畜、牧羊放马、役使牲畜的场面。这类岩画以北方地区居多。

最为奇特的是宗教岩画。它的题材以各种崇拜为主。有动物崇拜、神像崇拜、天体崇拜、祖先崇拜、印迹崇拜等。尤其以动物崇拜最为普遍。崇拜的动物有野兽也有家畜。还有一种生殖崇拜，完全是赤裸裸的男女交媾的图像，反映了远古居民祈求人丁兴旺的愿望。

以四川南部的都掌蛮人的岩画为例，可以看出在那怪异的图画上面，还蒙着一层神秘的面纱。

都掌蛮人的岩甑中，有大量的马、骑马的人物和野兽的形象，还有怪人、怪兽，以及铜鼓和太阳的图案，内容十分丰富，形象栩栩如生。

岩画中的马，有的在奔驰，有的在嘶鸣，有的在缓步行进。骑马的人则挥舞手中的战刀，跃马奔驰，潇洒自如，还有的人高傲地骑在马背上，有人在前面牵马开路。这些都显示了都掌蛮人崇尚骑马和善战。把他们的形象刻画在崖壁上，可能是再现他们生前的荣光，供后人瞻仰，也可能希望他们在另一个世界里也能这样勇武雄壮，令人敬仰。

岩画中还有虎、豹、犀牛、鹰、鹤等飞禽走兽，还有各种各样的狗。这些狗，肯定是他们狩猎时的有力工具和帮手。除此之外，还有形态各异的鱼，有的鱼单独出现，有的鱼已经上钩而鱼线还在口中，有的鱼则已被捕鱼者钓起……

铜鼓的形象出现得也相当多。据说，铜鼓是被都掌蛮人视为具有神奇力量的宝物。一面好的铜鼓可以换回1000头牛，谁拥有二三面铜鼓，谁就可以称王了。铜鼓的号召力特别强，只要在山上敲起铜鼓，四面八方的都掌蛮人就全都自动聚集到铜鼓周围。正因为如此，如果在战场上铜鼓被对方缴获，都掌蛮人就会失声痛哭，认为自己的命运终结了。据说，明王朝在剿灭了都掌蛮人的武装之后，缴获的铜鼓就有93面。当时，他们的首领阿大悲痛欲绝，说："鼓失，则蛮运终矣！"

都掌蛮人崇拜太阳。他们用红色画的圆形图案，象征太阳给他们带来了温暖和生机。

他们崇拜的生命之神则非常特殊。这个神奇的人物只有一张网状的脸，没有口、眼、耳、鼻，有四只胳膊两只手，特别是男性的生殖器很长、很大，可能是希望死去的人们早日再生吧。

还有一些怪人怪兽至今无人能够破解。如在麻塘坝有个长有四个胳膊没有身体的人；在猪圈门有一个长有双角的人；在狮子岩有一个鱼身上长着四腿的怪兽……

再以新疆的呼图壁县康家石门子的岩画为例，可以看出古老先民生殖崇拜的神秘色彩。

这里山势突兀，石壁豁开，山色赭红，岗峦重叠，宛如一座荒凉的古堡。在一片红色的沙砾岩上，大大小小的男女形象占据了长14米、高9米、面积120平方米的平整的岩面。

岩面上的人物大的有真人大小，小的仅12厘米，分布密集，错落有致，有群女裸舞、群男裸舞、生育祈祷等图画。图中的裸体男子面部大嘴高鼻、威武有力，尤其特意刻画了男性生殖器的勃起和硕大。裸体女子则眼大鼻高嘴小、肩宽腰细、臀部肥硕。这一切都表明了男性为主体的社会里，人们祈求人口繁盛的愿望。其中一些身体被涂成红色的人像，可能是巫师一类的人物，在他的引导下，人们载歌载舞，沉浸在神秘而圣洁的仪式之中。

这些千姿百态的、历经千年风雨侵蚀的岩画给后人留下了许多难解之谜：他们为什么把画刻在岩壁上，许多画的具体内容是什么，画面中神奇的人物和动物是神话还是真实的再现，画画的人早已消逝，画谜的答案又在哪里呢？

勾践有没有卧薪尝胆

"卧薪尝胆"，是一句流传甚广的中国成语，主人公是生活在距今两千多年前春秋时期的越王勾践。那时的中国处于大分裂时期，许多政权并立，战乱纷繁，动辄两国交兵，尸横遍野。政治、军事斗争都极其复杂，战争形势瞬息万变，今日的霸主可能就是明日的囚徒，而今日的阶下囚也许会成为明日的君王。

勾践是春秋时期吴越争霸的最终赢家。在这场旷日持久的诸侯争霸中，越王勾践凭借坚强不屈的毅力和忍辱负重的耐力最终获胜，留下了许多为后人称道的典故，这其中最为人称道的当是"卧薪尝胆"的故事。然而关于越王勾践是否真的曾经卧薪尝胆，却是众说纷纭。有的说他从来没有卧薪尝胆，有的说他"卧薪"而没有"尝胆"，那么事实到底如何呢？难道这个流传千古的帝王发愤图强的典故，竟然成了欲盖弥彰的弥天大谎？

据史书记载，春秋时期吴越之间积怨深久。公元前496年，吴王阖闾率军攻打越国，却反被越国打败，阖闾死于败逃途中。他的儿子夫差继位后，时刻提醒自己：勿忘国耻，为父报仇。他重用伍子胥和伯嚭，大规模操练兵马，经过两三年的精心准备，夫差亲率人马攻打越国。越王勾践率军迎敌，结果大败，勾践带领剩余的五千兵马逃到了会稽，还是被吴军围了个水泄不通。越王只得派文种去和吴国议和，议和的结果是勾践夫妇必须到吴国为仆，越王勾践虽贵为君主，但事已至此，不得不忍受屈辱，答应了吴王的要求。

公元前492年，勾践把国家交给文种和一些大臣治理，自己带着妻子和范蠡来到吴国作奴仆。夫差为了羞辱他，就派他住在阖闾坟墓旁边的一个小石屋里。勾践每天守坟、喂马、除粪、打扫，把这一切打理得井然有序，没有

△ 勾践

丝毫的怨言，也没有丝毫的怠慢。夫差骑马出门的时候，他拉过马，恭恭敬敬地献上缰绳，他甚至诚心诚意地帮夫差牵着马穿过市井，这一切，让有意刁难他的夫差无可奈何。甚至有一次，夫差病了，他前去问候，为了讨得夫差的欢心，他竟然拉开马桶盖亲尝夫差刚拉的大便，这也就是历史上著名的"问疾尝粪"的典故。勾践三年来的忍辱负重，终于换取了夫差的信任，夫差认定勾践已是真心臣服，于是放心放他们回国。这一放，却给了勾践东山再起的机会。

回国后的勾践，再也不是以前那个甘居人下的勾践了，他发誓要报仇雪恨，几年来的忍辱负重就是为了这一天。据说为了激励自己，他晚上坚持睡在柴草上，还在屋顶上吊了一个苦胆，无论是站着、坐着，还是吃饭，都要先尝尝苦胆的苦味，以警示自己。经过几十年的休养生息和不懈努力，他最终战胜了吴国。这也是我们今天所熟知的典故"卧薪尝胆"的来历。但事实究竟是不是这样的呢，勾践究竟有没有通过"卧薪"和"尝胆"两种手段来激励自己呢？

《左传》和《国语》是现存最早的记载吴越争霸和勾践事迹的历史典籍，而且距当时的历史较近，其中记载的史实也较为可信，因而具有较高的参考价值。但在这两本史籍中，都没有讲到越王勾践卧薪尝胆的行为，这不能不让人生疑。

到了西汉，司马迁在《史记·越王勾践世家》中有这么一段话："吴既赦越，越王勾践返国，乃苦身焦思，置胆于坐，坐卧即仰胆，饮食亦尝胆也。"司马迁的话是非常明确的。勾践确实有"尝胆"的行为。但"卧薪"呢？司马迁笔下的"苦身"是不是就是指的"卧薪"呢？司马迁并没有给出更为详细的交代。

东汉时期，袁康、吴平作《越绝书》，赵晔作《吴越春秋》，这两本书虽然是专门记录春秋时期吴越两国历史的书。但它们却只是以先秦历史为基础，又加上了小说家的荒诞想象。《越绝书》中"卧薪"、"尝胆"都未被提及；《吴越春秋》中的《勾践归国外传》，也仅仅提到越王勾践"悬胆在户外，出入皆尝，不绝于口"，而根本没有提"卧薪"一事。

最先把"卧薪"、"尝胆"这两个词连在一起用的是苏轼。他在《拟孙权答曹操书》这一带有游戏色彩的书信中，说孙权曾"卧薪尝胆"。但真正把"卧薪尝胆"用在勾践身上并使之广为流传的是众多的文学作品。明朝末年，在传奇剧本《浣纱记》中，梁辰鱼对越王勾践"卧薪"、"尝胆"的事情进行了大篇幅的描写。清初，吴乘权在《纲鉴易知录》中写道："勾践叛国，乃劳其凝思，卧薪尝胆。"后来，明末作家冯梦龙在其刊刻的历史小说《东周列国志》中多次提到过勾践"卧薪尝胆"的故事。正是这些文学作品的描述，让越王勾践"卧薪尝胆"的故事家喻户晓、广为流传，但其真实性还待进一步考证。

也有学者认为：东汉时期《吴越春秋》中的《勾践归国外传》中就有越王勾践"卧薪"之事记载。文中说越王勾践当时"苦身焦思，夜以继日，用蓼攻之以目卧"。蓼，清代马瑞辰解释说是"蓼薪"苦菜，商务印书馆出版的《古汉语常用字字典》（1998年版）上解释是："植物名。种类很多，味辛辣。比喻辛苦。"由此看来，勾践准备了许多"蓼薪"一定是用来磨炼意志的。这样，《勾践归国外传》中的话意思就十分明显了：那时勾践冥思苦虑，日夜操劳，眼睛十分疲倦，就想睡觉，即"目卧"。但他用"蓼薪"来刺激自己，以便能够忍耐克服，避免睡觉。"卧薪"、"尝胆"分别是让视觉和味觉感到苦。由此可知，后人把"卧薪"说成是在硬柴上睡觉，是曲解了《吴越春秋》的意思，因为"卧薪"是眼睛遭受折磨而不是身体遭受折磨。这种说法的结论是：尽管后人误解了这个词语的意思，但勾践确实有过"卧薪尝胆"的行为。这似乎与司马迁笔下的"苦身"之间存在若干联系。综合这种种史料和因素，我们不妨设想：他可能是深夜累了的时候就借助"蓼薪"来提神，再或者就靠在柴草上小睡一会儿，惊醒之后，继续劳作。但这也只是设想而已。

如此看来，勾践"尝胆"是确有其事的，《史记》和《吴越春秋》等史书都明确提到过。事实上，研究勾践究竟有没有卧薪尝胆，史书记载的"卧薪"与我们今天理解的"卧薪"有什么不同固然重要，但更重要的却是学习勾践坚韧不拔、百折不挠的精神，正是这种精神帮助勾践战胜了吴国。越王勾践忍辱负重、卧薪尝胆的故事也成为历代华夏儿女的英雄榜样，激励着后来一代又一代的文人义士建功立业，为我们伟大的中华民族留下了宝贵的精神财富。

破解古墓恐怖的屈肢葬之谜

1975年，陕西省宝鸡市一个叫南指挥村的地方发生了一件奇怪的事情。南指挥村坐落在陕西省宝鸡市凤翔县城南5公里，离村子不远有一块奇怪的荒地，春夏时节，不管雨水多寡，那里庄稼都长不好。生活在附近的人们对此似乎也习以为常，没人想去探究其中的原因。

1976年的一天，附近一位赵姓村民推着小土车来到这里，他要挖点土修补自家的院墙。

铁铲挥处，黄土里带出一些奇怪的土块，它们的颜色和形状与周围黄土明显不同，有黄有红，还夹杂着一些碎石，并且非常坚硬。

几天以后，村民闲谈中又提及的这件事，很偶然的被陕西省考古所考古专家记了下来，职业的敏感让考古专家意识到，这里面必有蹊跷。

一支考古队很快赶来，进行实地勘察。那些奇怪的土块是经过人工夯砸的，初步勘察的结果，让考古队员震惊不已。他们来自一个巨大的地下工程，这个四方形的神秘地下工程，占地面积被考古队标出，竟然足足有两个篮球场大，考古勘察又发现，工程东西方向有向外的延伸迹象，整个工程呈怪异的"中"字形结构。

几个月之后，工程地面以下的大致形制被考古队摸清。它的主体部分分作三层，在十余米处有一圈二层台面。而工程深度，竟然相当于8层楼高。如此形制，基本可以确认这是一座古墓。墓葬之大，实属罕见，拥有如此巨大墓葬的主人，其身份也必定极为显赫。

这个工程的正式发掘的时间于1976年开始，田亚歧是当时的考古队副队长。但是，此时从南指挥村传来一个消息，考古现场发现了一些奇怪洞口，那些洞口呈圆形或椭圆形，几天时间，就清理出二百四十多个。仔细查看之后，田亚歧明白，大墓已经被盗过，洞口是盗墓者留下的盗洞。

考古发掘最让人担心的大墓是否被盗。盗墓的破坏，使许多史实都因此而无法索解。面对如此严重的盗扰，关于巨墓的墓主以及年代之谜，考古队只能寄希望进一步发掘，或许可能发现新的线索。

接下来的发现，使这座神秘古墓变得更为扑朔迷离。在大墓第2层台基处，考古队员发掘出了一个头骨，他的嘴大张，死前像是在声嘶力竭的呼喊着什么。距离头骨不远，人们又发现了一节折断的胳膊残骸。考古队员连夜工作，随后共清理出人骨遗骸20具。

尸骸的发现，带来一系列疑问：这个豪华墓葬里，为何埋葬的竟然是这样一些人？这些尸骨，为什么有的身首异处，有的肢体残缺？而这一切对破解墓主及古墓的年代之谜，又能提供什么线索？

这些疑问，事关古代一种恐怖的丧葬制度——人殉。此前，在河南殷墟商代王陵里，考古人员就曾发现过大量殉人。

在奴隶制社会，所有东西都是奴隶主的，包括国家的一切用物，也包括人，当时有一种观念，奴隶的主人死了，作为奴隶活着就没有用了，奴隶们要与主人一同死去。还有，古代有视死如生的观念，就是人死了以后在阴间跟阳间是一样的生活环境。所以，奴隶们就要跟他的主人一起走。

神秘巨墓中发现的20个殉人，是作为人牲的殉人，他们生前可能是战俘或者奴隶，大墓封埋时被砍杀用以祭祀，从如今留下的凌乱尸骨，可知当时的场景是何等残酷。

残酷的殉葬制度，自殷商时期开始，以至秦以后都有存在。其中最为惨烈的就是人殉，而人殉主要出现的时代是在先秦。自秦朝建立之后，残酷血腥的人殉制度，才逐渐被陶俑所替代。

接下来的发掘工作进行的异常迅速。在这20具骸骨下面的土层里，考古人员很快又发现了一具棺木。打开棺盖，里面赫然又是一具人骨遗骸。这样的木棺，之后又发掘出一百六十多具。不仅如此，进一步清理棺木时，考古队员发现，这些躺在棺木里的自愿的殉人，他们的下肢，全部诡异地蜷曲着。

考古专家想起了史书上的记载，春秋战国时期，秦人中盛行屈肢葬，即在人刚死之时，用布带将其下肢向上卷曲捆扎，然后入棺埋葬。这种独特的葬式，将目标进一步明确指向了秦人。

但是，西藏阿里高原的古象雄文明，和距今四五千年前的岭南早期文化，以及距今约4000年前的黄河上游地区的马家窑文化，这些古老文明所遗留下来的墓葬里，都曾发现过屈肢葬。所以由此就论定这个墓是一座秦墓，显然颇为勉强。

就在此时，陕西省考古所另外一支考古队的工作，获得重大突破。1977年以来，在凤翔县城南，春秋时期秦国的雍城古城遗址，以及墓葬和其他居住区遗迹陆续被发现。

这个神秘的大墓，就处于雍城遗址范围之内，而且和这个神秘巨墓同样是中字型的大墓，又陆续出土了18座，由此可以确定，眼前的大墓，是秦墓无疑。

确定古墓为秦墓之后，考古队最想知道的，就是墓主的身份了，这最后谜底的揭晓一等就是10年。直到1986年，在墓室中部，主棺棺顶才露出土面。

构成主棺的东、西壁及棺底、盖的所有南北向柏木，两端均有榫头伸出，在主棺南北两侧，凑成长方形的如同柜子一般的形制。这个不同寻常的木棺造型，让考古专家想起史料上的记载，按照周礼，南北有各向椽头伸出的棺葬方式叫"黄肠题凑"。"黄肠题凑"是周朝天子的丧葬规范。

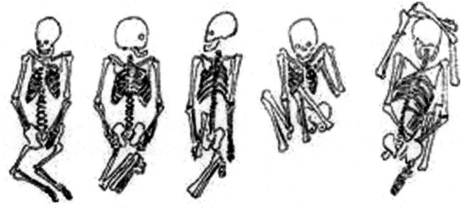

这让考古队员大惑不解，按照周礼，作为诸侯国的秦，即便是国君，也无权享有这样的丧葬规范。骤然出现的疑问推翻了先前所有的假设。而一切疑问，也许只能等开棺之后看到墓主才会明白。但是，由于盗墓贼的干扰，当考古人员打开棺盖后，在其主棺内只发现了一段股骨，除此之外，棺内空空如

△ 屈肢葬

也。这个神秘的大墓，也许注定要留给后人一个不解之谜。

但是事态的转机往往在不经意间发生。在大墓底部，考古人员陆续发现了很多石头的残片。在主棺棺顶上发现的石头残片，拼凑出一双长约一尺的石鞋底，石鞋底东西向放置，底下是鲜红的朱砂。

对于墓主身份的确定，石制鞋底并不能提供更多线索。但是接下来的发现就有着突破性的意义。考古队员清理出的另外一些石头残片，发现是石磬，一种古代乐器，在石磬边缘竟然有铭文。后来，铭文被小心地拓印下来，专家破解的结果，认定铭文记载了一次宫廷宴乐活动，大墓的主人是活动的召集者。铭文里"共桓是嗣"几个字，说明了他的身份。这几个字是什么意思呢？

"共桓是嗣"就是说"两千多年前和桓公的继承人"，按照这个推测的话，它的继承人就是秦景公。

躺在黄肠题凑内这个巨大棺木里的墓主的身世终于被人们破解。景公是秦第14代统治者，是秦始皇的第18代先祖，自公元前577年起继位，在位40年。

那时的秦国，已在雍城雄踞百年，国力也日渐强大，从景公死后使用周天子才可享用的黄肠题凑葬式，可见秦的雄心已经超出关中一带。秦景公墓后来被称为秦公一号大墓。至此，这个中国迄今发掘的最大古墓，身世终于大白天下。

众说纷纭的"徐福东渡"之谜

徐福，秦朝时齐地（今山东龙口）人，著名方士。他博学多才，通晓医学、天文、航海等知识。两千多年前，徐福打着为秦始皇求长生不老药的旗号，带着浩浩荡荡的队伍漂洋过海，从此便杳无音信。二千多年后，徐福的那次东渡已经不仅仅是一次单纯的海外航行活动，而演变成了一种文化现象，成为中、日、韩三国共同的文化财产。可惜迄今为止，仍有众多有关徐福的疑谜无法作出结论：徐福到底为何东渡？他又去了哪里……

一、耐人寻味的东渡活动

徐福是一个以方士为业的人。古代的方士虽然在官方的正史中是以搞迷信为生的"三教九流"式的人物，但其中也不乏有识之士。他

△ 徐福

们懂得诸如医药、炼丹术、占星术、航海术等科学技术，他们的行业特色决定了他们上可以接触帝王贵族，下可以联系平民百姓，在当时社会上是比较受瞩目的一群，而徐福也是其中的佼佼者。

自战国至汉初，山东沿海的方士入海求仙之风较盛，多是为了迎合统治

者长生不老的愿望。但关于徐福东渡的原因，历来说法不一，他屡次出海，没求到仙药，却依然能在秦始皇的暴政下安然无恙。为何他能逃脱，而和他同时代的其他方士却因求药未果而被驱逐呢？

据有关专家研究认为，这一方面说明徐福当时的才能卓著，另一方面，也暗示着他的东渡之旅不仅仅是求仙药这么简单，还有其他政治目的。

1.求仙药说。

这是目前最为通行的说法。在秦代方士是很流行的，在齐地和燕地，这样的方士很多。战国齐威王、齐宣王、燕昭王时，便有大批齐、燕方士入海求蓬莱仙药。和徐福同时代的方士也有很多，像卢生、韩终、侯公等。徐福作为方士中最著名的一个，为秦始皇入海求药，是可能的。

2.避祸说。

有专家认为："秦始皇暴政，一部分人敢于揭竿而起，另一部分人就消极抵抗，在沿海地区，就有很多人向海外移民。徐福是知识分子，他不满秦的暴政，但又无能为力，于是表面上热衷于寻找仙药，实际上是寻找合适的机会移民。"持这种观点的人很多，《汉书》中说："徐福、韩终之属多赍童男女入海，求神采药。因逃不还，天下怨恨。"唐代诗人汪遵《东海》诗也写道："漾舟雪浪映花颜，徐福携将竟不还。同舟危时避秦客，此行何似武陵滩。"作者把徐福入海不归比作陶渊明《桃花源记》所写的武陵郡渔人避秦乱而移居桃花源之事。

3.复仇说。

也有人认为徐福东渡是为了报秦亡齐国之仇、灭族之恨而策划的一次叛离秦始皇恶政统治的行动。

4.海外开发说。

秦时邹衍的大九州观点十分流行，认为在海外还有很大的疆土。邹衍的大九州学说引导和鼓舞沿海的航海家、探险家积极地开发海外。秦始皇所向往的正是：凡是日月所照的地方，都是他的疆土；凡是人的足迹所到达的，都是他的臣民。于是，为了扩大自己的版图，便打着求仙药的幌子，派徐福出海，实际上，却是为了实现自己疆土四至的理想。《吕氏春秋·为欲篇》

也指出了当时秦国统治者的理想："北至大夏，南至北户，西至三危，东至扶木，不敢乱矣。"东至扶木就是东至扶桑，即后来所说的日本。这应该就是秦始皇对国家版图的宏伟目标。因此，有人认为，"秦始皇东巡的根本目的在于实现东至扶桑的理想，而徐福探海东渡正是实现秦始皇理想宏愿的具体行动。直到后来，秦始皇老了，身体渐渐不行了，才更偏向于寻求长生不老之术。"

二、东渡何处

但是，秦始皇最终没有得到长生不老的丹药，而他满怀希望派出的求药团也一去不回。徐福带着三千人的队伍，长途跋涉，寻找传说中的三神山，最终，找到了一个水草丰美的地方，自立为王，再也不愿意回家乡了。《史记》中说，"徐福得平原广泽，止王不来。"那徐福最终去了哪里呢？

徐福东渡是否到达日本，这是诸谜中争论最为激烈的一个。有学者认为，三神山一般是指日本国。日本还保存有很多有关徐福的遗迹，如徐福登陆地、徐福祠、徐福冢、徐福井等。其佐贺市、新宫市等地都被传为是徐福当年登陆日本的地方。但也有学者认为徐福最终的目的地是韩国。因为韩国也有有关三神山和徐福东渡的传说和活动的遗迹。此外，还有人说去了南洋的，也有人说到了海南岛的，更有人说到了美洲的。这种说法认为，徐福东渡是先到了日本，后来又到了美洲，并在美洲自立为王不归。檀香山遗留下带有中国篆书刻字的方形岩石，旧金山附近有刻存中国篆文的古箭等文物出土。这些古代文物是当时徐福这批秦人经过时所遗留的。而墨西哥湾地区有批居住山区的黄种人，据称是秦采药人的后代。

也有人认为，徐福历经十年的准备，而且从小生活在沿海，一定会选择一种安全可行的航海路线，一方面要保证淡水和粮食的供应，一方面要避免大的风浪，所以他决定沿岛而行，最终的路线便是：从家乡北海岸的黄河营古港启航东渡，经辽东半岛到朝鲜半岛，最后到达日本的北九州。

两千多年来，徐福到底去了哪里，依然争论不休，尚未定论。因为无论是日本、韩国还是其他地方，他们都怀念徐福、感激徐福给当地带来的变化。在这些地方，世代传说着徐福教当地人种水稻、凿水井、制造农具、传播医药、纺织等知识的故事。尤其在日本，徐福集团的到来，给日本带去了翻天覆地的变化，将日本从一直徘徊中的原始社会推向了奴隶社会。于是，两千多年前徐福那次复杂的东渡，虽然让他如履薄冰，但是却让人们永远记住了他。

从历史学的角度，对徐福其人以及东渡之事进行的研究，始自西汉司马迁的《史记》，两千多年来，历朝历代都曾有人在致力于这一课题的研究。

在近现代，早在"五·四"运动前夕的1918年，陶亚民先生首先发表了《徐福事考》一文，王辑五先生把研究徐福与研究中日海上交通史结合起来，提出了一些新观点，当时一些著名史学家，如汪向荣、卫挺生等，也参与了这一研究。1981年，汪向荣先生再论"徐福东渡"，又重新掀起了徐福研究的热潮，而且一改其年轻时认为司马迁在《史记》里只是原原本本地记载了"方士们的不真实的宣传"，认为"徐福是实在的人物，他的入海是为了逃避始皇帝的虐政，是有计划的海外移民"。他还指出：若对中日关系史和日本古代史发展过程进行认真观察、探讨的话，也不能轻易地否定这一传说。近二十年来，这一研究取得了不少瞩目的成绩。一些中国有影响力的史学元老和中青年史学工作者也对这一课题颇感兴趣。如复旦大学的吴杰教授、辽宁大学的孟宪仁教授、天津社科院的王金林教授、浙江大学日本文化研究所的王勇教授等，都曾立著论述。另外像台湾的彭双松教授、日本的梅原猛教授、壹岐一郎教授、水野明教授等也都对这一课题作了较为深入的研究。

然而，由于《史记》对徐福求仙事的记载"语焉不详"，使得这个历史事件成为一宗千古疑案，致使史学界不少人把它看成是一只烫手的山芋。近些年来，虽然有人试图从考古学、人类学、航海史等多角度来佐证这一历史事件，但很难有突破性的进展。要说认同，只有两点，一是历史上确有徐福其人；二是确实下过海。至于其出生在何处、在哪儿出海、出过几次海、东渡的目的是什么、最后到的"平原广泽"究竟是什么地方，这一切还都是目前争论的焦点，还有待后人去进一步揭开。

"一代天骄"成吉思汗死亡之谜和墓地之谜

成吉思汗，本名铁木真，蒙古族。生于1162年，卒于1227年。成吉思汗是中华民族历史上一位杰出的人物，其本人及其子孙的军事征服活动，克服了当时东西方陆路交通的人为障碍，极大地促进了东西方文化交流，推动了人类文明的进步。在东方，成吉思汗及其子孙弭平了中国自唐朝以后形成的数个政权分立对峙的局面，最终奠定了现代中国的基本版图。

一、成吉思汗死亡之谜

成吉思汗到底是怎么死的呢？历史上流传着种种猜测。

有人说是被雷电击死的，这种说法是欧洲的误传；还有人猜测

△ 成吉思汗

他是落马死的，长春真人丘处机就记载过成吉思汗在死前几年从马上掉下来受了伤，留下了后遗症，拖了几年后病死了；还有种更为离奇的猜测，说他是因为俘虏并强占了西夏的王后，被这个王后设计给害死在了床上。这个说法被记载在17世纪的一部蒙古史书里面，依据的是流传在西夏当地的一种传说。这种说法很可能受到了西夏人亡国心理的影响，带有仇恨蒙古人的情绪在里面。那部书甚至把黄河叫做哈敦河，就是王后河，因为据说王妃在害死

了成吉思汗以后就奔出了帐篷，自尽在黄河里。

成吉思汗的死因一时众说纷纭，可以肯定的一点是，他死在出征西夏的前线，染上瘟疫、疟疾或是落马后病死，似乎更合逻辑一些。

二、成吉思汗墓地之谜

成吉思汗的墓地究竟在哪儿？人们一直在找寻。前几年蒙古国和日本的联合考古队还在探查成吉思汗的墓地，大致的地理位置是可以确定的，据《蒙古秘史》记载，是在一个叫"古儿勒古"的地方。这是桑古河旁边的一条小河，在今天蒙古国的肯特省。虽然知道大致的地理位置，但坟墓却总也找不见。因为当时是按照蒙古人的习俗进行的"密葬"。成吉思汗下葬后，就让很多马在地上来回奔跑，使得松动的土地被踩紧。这样再过两三年，就完全看不出坟墓在哪里了。据说当时为了记认，就在成吉思汗陵周围30里地都插了木头桩子，还把此地划为禁区，专门派人管理。但是随着时间的流逝，木头桩子没有了，他的墓地也和草原融为了一体，成为千古之谜。

孝庄太后下嫁之谜

一、疑案的始末

太后下嫁就是太后下嫁摄政王。太后是指清太宗皇太极之妃、清世祖福临的生母，卒于康熙二十六年（1687年），被谥为孝庄文皇后；摄政王是指摄政睿亲王多尔衮。

孝庄皇后是多尔衮的嫂子，弟弟娶嫂子，按照传统道德观念来看，是一件太不光彩也太不文明的事。在清代，对此讳莫如深，也没有什么官方记载。

直到清末才刊行的《苍水诗集》中有一首诗写到："上寿称为合卺樽，慈宁宫里烂盈门。春宫昨进新仪注，大礼恭逢太后婚。"才说了太后下嫁这件事。

△ 孝庄太后

这首诗的作者张煌言是清初人，和多尔衮同一时代，所以，人们便根据这首诗来推断孝庄皇后下嫁给小叔子多尔衮。

另据《朝鲜李朝实录》也有"皇父摄政王多尔衮"这样去"叔"字改称"皇父"的记载，它可能间接地透露了多尔衮称皇父"已为太上"与太后相对称，正是太后下嫁的一个旁证。

何况多尔衮之改称"皇父"不但记载在《清实录》与蒋良骥的《东华

录》等书中，而且在现今保存的档案和文告中，抬头称呼也写为"皇叔父摄政王"，或写为"皇父摄政王"的字样。

二、历史的真相

首先就是多尔衮的称号，叫"皇父摄政王"。有人说如果太后没下嫁，怎么会称为"皇父摄政王"呢？

其实多尔衮的称号是一步步抬高的。在清朝入关以后，顺治元年（公元1644年）十月，多尔衮被册封为"皇叔父摄政王"，到了顺治二年时有个御史上奏说："叔父是皇帝的叔父，不能大家都叫叔父。"所以最后经礼部议定，就给多尔衮的封号抬高为"皇叔父摄政王"。

到了顺治五年，经过部院大臣的集体讨论，进一步把他的称号抬高为"皇父摄政王"。从此以后，在清朝的公文里头，多尔衮称号都称为"皇父摄政王"。

此外，为大清建立功业的多尔衮并不长寿。在顺治七年十一月（公元1650年），因出塞外打猎而突然发病，病死在喀喇城，年仅39岁。

当多尔衮灵柩被运回京时，顺治亲率诸王大臣出城恭迎并颁布哀悼诏书，命令以皇帝的规格来安葬他。第二年，顺治又追封多尔衮为诚敬义皇帝，庙号成宗，升为太庙。

但是，仅过了不到一个月，就开始有人告发他生前曾谋篡帝位，而且话一出口，诸王大臣就纷纷响应，群起而攻之。

于是，刚刚亲政的顺治皇帝便下令将多尔衮削去爵位，撤出宗庙，开除宗室名分，没收家产，平毁陵墓。多尔衮一下从巅峰跌入谷底。

如果太后确实下嫁给多尔衮的话，在多尔衮死后尸骨未寒的情况下，是没有人敢出来陷害他的。另外，如果多尔衮确实娶孝庄为妻的话，他就成了顺治皇帝的继父。顺治这么整治多尔衮，那就是承认自己曾经认贼作父了。

揭秘雍正之死

雍正之死，始终是被层层神秘浓雾掩盖的历史之谜。官书对雍正之死的记载非常简单，所以，历来对其死因猜测颇多。

关于雍正之死，史书记载得非常简单，只是说，前一天，雍正在圆明园行宫病重，第二日下午病危，急召大臣，当晚即死掉了。究竟是什么原因导致雍正的死亡，史料没有明确记载。据雍正的心腹大臣张廷玉的私人记录，当时雍正七窍流血，令他"惊骇欲绝"。雍正暴卒，官书不记载其原因，这自然就引起人们的大肆疑惑，再加上当时关于他为人的传说和评论颇多，就更容易引起人们的猜疑，于是各种不得好死的说法就产生了。

△ 雍正

一是认为，被吕留良案中逃脱的吕四娘入宫刺死的。

传说吕四娘是吕留良的女儿，有的说是吕留良之子进士吕葆中的女儿，在吕留良案中，她携母及一仆逃出，为替父祖报仇，习学武艺，后来潜入宫中，杀掉了雍正。还有一种说法是，她的师父是一僧人，原为雍正剑客，后不乐为其所用，离去，培养了这位女徒。

这个说法是最广为流传的。1981年，考古工作者曾发掘雍正地宫，但是由于某种原因，就半途而废了。可是社会上传说棺材已经被打开，雍正有尸身而无头。

二是认为，被宫女、太监在其熟睡时用绳缢死。

三是认为，雍正求仙丹药中毒而死。

清末民国初年就有人提出："世宗之崩，相传修炼仙丹所致，祸出有因。"雍正年轻时即好佛、崇道，做了皇帝后，他求仙访道、企求长生，更是为此忙得不亦乐乎。他不仅把道士请进宫内，待如上宾为他炼丹、服用，还希望自己居住的皇宫能像有名望的佛寺、得道仙观，包括周边环境制成模型以利仿建，可见他对道家的长生成仙说已经到了几乎痴迷的地步。

有一份史料上说，雍正宾天时"七窍流血"。七孔流血是严重中毒的反应，雍正长期服用道士所炼的"长生不老之药"，这些丹药中汞、铅、朱砂

等矿石含量较高，又都是高温烧煅而成，热性很大。十三阿哥允祥去世后，为渴求长生不老，雍正加大剂量服用丹药终致中毒，是情理中事。

乾隆尚未正式登基前，已急忙传谕驱逐宫中道士，可见雍正之死同道士有着密切关系，因为乾隆深知丹毒之害，才会把驱逐宫中道士放在诸多国事之上立马行之。

我们再来看看吕四娘刺杀雍正之说。雍正处置吕家，戮尸、斩首之外，吕留良孙辈均被发配边远地方为奴。乾隆时，吕家的后代有开面铺、药铺的，有行医的，还有人成为捐纳监生，被清政府发觉后，改发配黑龙江为奴，后住齐齐哈尔。吕氏后裔俱在，不过遭到严格管制，不能自由活动，当然更不能替祖上报仇了。

吕四娘主仆三人的出逃是不可能的，当时办理此事的浙江总督李卫以擅长缉捕盗贼而著称，他奉命兼管江苏盗案，若吕留良后人果有逃出的，他自然有能力搜捕到案。再说他曾为吕家题过匾，吕案发生后雍正没有责备他，他心怀畏惧，下死劲处理有关人员，完全不会让主犯的子孙脱逃。

而雍正被宫女、太监在其熟睡时用绳缢死之说，更是子虚乌有的事。倒是在明朝发生过类似的事。明世宗在1542年，被宫婢杨金英等缢而未死，用太医许绅之药而康复。雍正和嘉靖都庙号"世宗"，民间传说里，把明世宗事安到清世宗身上，也是难免的。

雍正称帝执政13年，基本上处在众叛亲离、孤家寡人的境地。他在生命垂危时请同胞兄弟出山辅助又遭坚辞，其心态之苦也就可想而知了。此外，雍正的身体状况，在雍正七年后，由于政敌被杀的杀、关的关，基本上也都摆平了，相对以前而言，雍正多少有了一点"闲"。而帝王一旦有了些"闲"，也就开始贪图女色，病也就随之暴露了出来。

概括起来，雍正之死同他多年勤政，体力透支有很大关系；他长期心神不宁、不断服用丹药、体力大量堆积毒素有关；他晚年为求长生不老加大剂量服用丹药，中毒是导致他最终猝死的原因。

乾隆身世之谜

关于乾隆的身世，有人说乾隆是浙江海宁大盐商陈阁老的儿子。浙江海宁县，清朝时属杭州府，是海边一个小县。海宁虽小，却因在这里能观看到气势磅礴的海潮而闻名于世。相传，海宁有位盐商叫陈世倌，俗称陈阁老，在康熙年间入朝为官，与雍亲王一家常有往来。今天陈阁老的旧宅，还保存一块九龙匾，据说是雍正亲笔书写的。

相传雍亲王和陈阁老两家夫人同年同月同日分别生了孩子，雍亲王让陈家把孩子抱入王府看看。可是，等孩子再送出来时，陈家老小个个目瞪口呆，自家的胖小子竟变成了小丫头，陈家只得忍气吞声。那换入皇宫的胖小子，就是后来的乾隆皇帝。

故事一出笼，乾隆是陈阁老儿子的传说便越传越广。民间甚至传说，乾隆登基后六下江南，有四次住在陈阁老家，目的就是探望亲生父母。

另外有一本野史叫《清代外史》，作者是晚清文人天嘏，他在书中说：乾隆知道自己不是满族人，因此在宫中常穿汉服，还问身边的宠臣自己是否像汉人。历史上的乾隆的确经常穿汉服，现在故宫还保存着不少乾隆穿汉服的画像，也许这就是引起传说的原因之一。

其实这些广为流传的说法，全是捕风捉影。乾隆的生母究竟是谁，只要看一看《玉牒》和乾隆时期的《实录》及《圣训》，问题就一清二楚了。

在《玉牒》和生卒记录底稿上，都清楚的写着：康熙五十年辛卯八月十三日，孝圣宪皇后钮祜禄氏诞乾隆于雍和宫。在《实录》和《圣训》中也有同样记载。

而所谓的陈阁老，也就是陈世倌，乾隆六年担任内阁大学士时间不长，就因起草谕旨出错被革职。当时乾隆骂他："少才无能，实不称职。"

△ 乾隆

此外，根据皇室族谱可以发现：乾隆出生时，雍正的长子、次子虽已幼年早夭，但第三个儿子已经8岁，另一个王妃过三个月又添了一个儿子。而且，这时的雍正才34岁，正当壮年，他怎会在已经有一个8岁儿子的情况下用自己的女儿换他人的孩子呢？并且，清代旗人生子一定要报都统衙门，宗室生子一定要报宗人府，定制十分缜密。何况紫禁城内，门禁森严，怎么能随便抱子出入宫内？

至于乾隆为什么六下江南，有四次到海宁并住在陈家私人花园，据考证，乾隆南巡到海宁，主要是视察耗资巨大的钱塘江海塘工程。浙江海宁是一个偏僻的小县，当时找不到比陈家花园更好的地方让皇帝住了。

再说陈家花园离陈家住宅实际还有几里路，乾隆在陈家花园住过四次，但对陈家子孙却一次也没有召见过，更谈不上"探望亲生父母"了。显而易见，这些都是清末汉人在排满的革命浪潮中，无中生有编造出来的。

"三顾茅庐"还是"毛遂自荐"

建安末年，黄巾军起义，天下大乱。曹操挟天子以令诸侯，坐据朝廷，占尽天时；孙权父兄业承，拥兵东吴，占有地利；只有刘备寄人篱下，虽胸怀大志却一事无成。他听说诸葛亮很有学识，德才兼备，于是就和关羽、张飞带着礼物到隆中（现今湖北襄樊市，一说为今河南南阳城西）卧龙岗，希望诸葛亮能出山辅佐他成就一番大事。可恰巧诸葛亮这天出去了，刘备只能失望而归。不久，刘备再次和关羽、张飞冒着大风雪来到卧龙岗，不料诸葛亮又出外闲游去了。张飞本就莽撞，见诸葛亮不在家，就催着要回去。刘备无奈，只得留下一封信，表达了自己对诸葛亮的敬佩以及希望能请他出来帮助自己挽救国家危险局面的意思。

又过了一段时间，刘备吃了3天素，准备再去请诸葛亮。关羽说："兄长两次亲自前去拜谒，礼节已经很重了，恐怕这个人也就是徒有虚名，不用去了。"张飞则说："像他这样的村夫，不用兄长去了，我去就行，他要是不来，就拿绳子把他绑来。"刘备顿时呵斥道："你难道没听说过周文王拜见姜子牙的故事吗？连文王都能如此敬贤，你这样太无礼了！这次你不要去了，我和云长一起去。"张飞自知错了："既然两位哥哥都去，

△ 刘备

小弟我又怎么能落后？"于是刘备三人第三次拜访诸葛亮，谁知这回诸葛亮正在睡觉。刘备丝毫不敢惊动，一直站到诸葛亮自己醒来，才攀谈起来。就在这小小的草庐之中，诸葛亮畅谈天下形势，提出"鼎足三分"的计策，令刘备大为倾倒。而诸葛亮也为刘备的诚意所打动，同意出山辅佐他。

这就是著名的"三顾茅庐"，在《三国演义》中被描绘得惟妙惟肖，刘备礼贤下士，真心诚意的精神令人深感敬佩。诸葛亮的人生也从此有了转机，跟随明君成就了一番事业。但是这段家喻户晓的历史却一直备受争议，各类史书的记载出现了不同的地方，焦点就集中在究竟是刘备礼贤下士"三顾茅庐"，还是诸葛亮遍访明君"毛遂自荐"呢？

关于"三顾茅庐"的最初记述是在公元227年诸葛亮出师北伐前所写的《出师表》中："臣本布衣，躬耕于南阳，苟全性命于乱世，不求闻达于诸侯。先帝不以臣卑鄙，猥自枉屈，三顾臣于草庐之中，咨臣以当世之事，由是感激，遂许先帝以驱驰。"此外，西晋陈寿所著的《三国志·诸葛亮传》，虽然对于这件事的介绍只有寥寥几笔"凡三往，乃见"，但仍可以看出作者对于"三顾茅庐"事件本身是持肯定态度的。尤其是书中写到的《隆中对》，更详细地记录了刘备前往隆中的3次之行以及诸葛亮畅谈雄图伟略的内容。刘备当时正是求贤若渴，所以"三顾茅庐"应该是合情合理的。唐代大诗人李白曾写诗道："当其南阳时，陇亩躬自耕。鱼水三顾合，风云四海生。"杜甫的诗也写过"三顾频烦天下计，两朝开济老臣心"的佳句。

但是史书《魏略》和《九州春秋》对此的记载却大相径庭。在它们的叙述中，这段君臣相遇的故事是从诸葛亮的"毛遂自荐"开始的。

建安十二年，曹操已经基本统一了北方地区，荆州一时成为众矢之的，而荆州牧刘表又缺乏应对之策。当时刘备正屯兵樊城，为了使荆州免受战火的蹂躏，诸葛亮决定亲赴樊城去求见刘备。刘备当时正在会客，他不认识诸葛亮，见诸葛亮非常年轻，所以没有留意，也就当做一般的士人来接待。过了一会儿，别的客人都走了，只有诸葛亮还留在那里。刘备一向有喜欢编旄的嗜好，刚好有客人送来一耄牛尾，他就编织起来。这时诸葛亮说："我以为将军必定胸怀大志，可没想到只是结旄而已。"刘备解释道："不过借此解忧。"诸葛亮问："你认为刘镇南比得上曹操吗？"刘备说比不上。诸葛亮又问："那将军您自己比得上曹操吗？"刘备说那也比不上。诸葛亮说："刘镇南比不上曹操，将军您也比不上曹操，难道你们就坐在荆州等死吗？就等着人家来宰割吗？"刘备说："那我们能有什么办法呢？"于是诸葛亮开始向他分析荆州的形势以及刘备应该采取的对策，刘备大为动容，觉得眼前的年轻人是难得的人才，从此待以上宾之礼。

有人认为《魏略》早于《三国志》，且以史料丰富、态度严谨见长，因此诸葛亮"毛遂自荐"的说法应该比较可信，但诸葛亮所著的《前出师表》也是货真价实的，难道他会说假话吗？今人也对这一典故的疑点产生了浓厚的兴趣，各种说法可以归纳如下：

其一，就当时的情况而言，刘备需要诸葛亮，诸葛亮更需要刘备。我们知道，诸葛亮15岁跟随叔父来到荆州去投靠刘表，可是刘表为人优柔寡断，性格懦弱，并非命世之主，于是诸葛亮结庐襄阳城西20里的隆中山中，隐居待时。而诸葛亮本身的性格是积极进取的，他"自比管仲、乐毅"，管仲、乐毅是什么样的人？他们都是要出将入相、建功立业的，那么他不投靠曹操，不投靠孙权，也不想辅佐刘表，说明他想选择一个明君。当时的刘备已经很有名了，天下枭雄，以诸葛亮的智慧和社会地位，肯定已经发现了这个明君，那么刘备要调他出山，当然正合他心意，像诸葛亮这样一个自比管仲、乐毅的人，岂能愿意坐等刘备上门，别说三顾了，如果刘备来都不来，他该怎么办呢？而且当时荆州形势危急，诸葛亮有什么把握肯定刘备一定会去"三顾"于他？

其二，从年龄上看，当时的诸葛亮只不过是个26岁的青年，没有什么丰功伟绩，不为人知，而刘备46岁，身经百战，是个有声望的政治家，那么他会愿意低三下四的去到乡下请一个毫无名望的小青年来充当参谋吗？但当时荆州的形势可谓是火烧眉毛，曹操势力迅猛扩张，司马徽和徐庶还推荐过诸葛亮，所以刘备也有可能放下官威和长辈的架子，去请诸葛亮出山。

其三，《前出师表》的记载不会有错，《魏略》和《九州春秋》的真实性也无可置疑，但两者叙述的情况却截然相反，所以清代的洪颐煊认为"三

△ 诸葛亮

顾茅庐"与樊城自请相见都是真实的。他在《诸史考异》中说，诸葛亮初见刘备于樊城，刘备虽以上宾待之，但没有特别器重他。等到徐庶举荐时，刘备再次与之相见，并重用了他，情好日密。并指出：初见是在建安十二年，再次相见是在建安十三年。诸葛亮以后大为感激，因而将其记入了《出师表》中。

　　不论是诸葛亮"毛遂自荐"，还是刘备"三顾茅庐"，正是因为有了这段君臣相遇，才使刘备如鱼得水，与曹操、孙权形成鼎立之势，而诸葛亮这匹千里马才不至于"骈死于槽枥之间，不以千里称也"。

曹操兵败赤壁谜团

赤壁之战是我国历史上一次著名的战争，正是这场战争奠定了三国鼎立的局面。曹操在这场战争中失败后再也没能卷土重来，从此，势力仅限于北方，而孙权和刘备在江南和巴蜀的势力则得以巩固。赤壁之战前的曹操可谓雄心壮志，气吞山河，他通过讨董卓、伐吕布、灭袁绍、挟天子以令诸侯，一度统一了中国北方，而且麾下兵精将广、人才济济，因此挥师南下，欲完成统一天下的大业，不料占据军事优势的曹操在赤壁之战中却败得一塌糊涂，令人叹惜。关于他的失败，史家已经罗列了非常多的原因。那么这些因素中哪些才是决定性的呢？

一是曹操骄傲自满，过于轻敌。由于曹操在此前的战事中一路高奏凯歌，接连消灭了袁绍、吕布等割据势力，壮大了自己的力量，从而内心开始飘飘然起来。他率领大军来到长江后，根本不把孙权、刘备联军放在眼里，在战斗之前就已经开始盘算胜利后在江东如何享乐，没有像以前官渡之战时那样细心研究战略战术，也没有精心安排细做到江东去探听军情，反而疏于防范，让孙权的耳目三番五次地混进军营刺探消息。

曹操最为疏忽大意的就是没有仔细考察黄盖投降的真伪，以及庞统来献"连环计"的用心，这两件事是导致火烧赤壁的直接原因。由于曹操的骄傲自满，没有及时识破孙刘联军这两次计谋，从而为赤壁之战的失败埋下了伏笔。晋代史学家习凿齿在《汉晋春秋》中指出，曹操被胜利冲昏了头脑，骄傲自满、求胜心切，在战争的指挥策划中显得心浮气躁，从而导致了大败，他说："昔齐桓公一矜其功而叛者九国，曹操暂自骄伐而天下三分，皆勤之于数十年之内而弃之于俯仰之顷，岂不惜乎！"可见曹操由于一时的疏忽大意，没有认真看清当时的形势，从而导致大败，将数十年的积累毁于一旦。

△ 曹操

　　曹操的自大还体现在他不听劝告上。赤壁之战失败后，曹操狼狈地从华容道逃跑，慨叹道："郭奉孝在，不使孤到此！"（《三国志·魏书·郭喜传》）开始后悔没有人给他出谋划策。其实早在他准备挥师南下时，谋士贾诩就力谏曹操不宜南下，因为当时时机并不成熟。《魏志·贾诩传》写道："建安十三年，太祖破荆州欲顺江东下。诩谏曰：'明公昔破袁氏，今收汉南。威名远著，军势既大。若乘旧楚之饶，以饷吏士，抚安百姓，使安土乐业，则不可劳众而江东稽服矣。'太祖不从，军遂无利。"而黄盖诈降、庞统献"连环计"的时候，程昱等人就劝阻曹操要谨慎小心、明察秋毫，但曹操不听劝告，一意孤行，从而导致上当中计，兵败赤壁。

二是曹操的军队组成混乱，不习水战。曹操的军队从北方而来，大多不习水战，而且组成混乱，其中既有原来袁绍部队的军士，在官渡之战后投降曹军，也有中原平定徐州时候的投降部队，还有平定荆州时收服的投降部队，更有曹操早期镇压黄巾军时投降的黄巾军。真正属于曹操嫡系部队的本来就不多，更何况这些各种背景的部队被曹操纳入编制后还没有认真从思想上和心理上加以统一，内部纷争和矛盾众多。

更为重要的是曹军不习水战。曹操的士兵绝大部分是北方人，不习惯船上作战，其中唯一善于水战的部队是荆州被迫投降的水军，而这些人军心不稳，战斗力大为削弱。也正是这个原因，周瑜等人才请出凤雏庞统，前往曹营献"连环计"，建议曹操将所有战船用大铁环连成一体，这样就组成了牢固的犹如陆地的水上战场，陆军的优势就可以发挥出来。曹操由于求胜心切，又没有水上作战的经验，对长江流域的气候条件缺乏研究，因而没有更多的思索就采纳了庞统的计策，为战争失败埋下了伏笔。当身边的谋士提醒曹操当心对方用火攻时，曹操不以为然，以为当时隆冬季节只有北风，对方不敢用火。岂料战斗打响时，风向突然逆转，刮起了东南风。

更为不幸的是，当天还有大雾。当黄盖带领二十余艘船只前来"投降"时，曹操根本看不清船头的士兵乃是稻草扎成的，而且船上撒满了硫黄。当他看清真相时为时已晚，烈火顺风冲进曹军绑在一起的军营中，立刻就让曹军乱了阵脚。《三国志·江表传》记载："时东南风急，因以十舰最著前，中江举帆，盖举火白诸校，使众兵齐声大叫曰：'降焉！'操军人皆出营立观。去北军二里余，同时发火，火烈风猛，往船如箭，飞埃绝烂，烧尽北船，延及岸边营柴。瑜等率轻锐寻继其后，擂鼓大进，北军大坏，曹公退走。"可见当时的惨状。

三是曹操的军队在战争中感染了传染病，这一点在诸多关于赤壁之战的分析中往往没有给予足够的重视，事实上这一细节给曹操带来了致命的打击。据《三国志》记载，曹操部队到达南方后，由于水土不服，很快就发生了呕吐等疾病，曹操没有更多重视这件事情，而是继续坚持对孙刘联军作战。《三国志·周瑜传》云："权遂遣瑜及程普等与备并力逆曹公，遇于赤壁。时曹公军众已有疾病，初一交战，公军败退，引次江北。"可见，孙权、刘备联军准备停当，合力与曹操决战，但第一次交手曹军就遭败北，而这其中曹操军队已有疾病是主要原因，于是曹军只好退回江北，驻扎下来。《三国志·武帝纪》记载："公至赤壁，与备战不利。于是大疫，吏士多死者，乃引军还。"可见在赤壁之战中，疾病一直伴随着曹操的部队，让曹军发挥不出水平，战斗力大打折扣，而且很多士兵不仅病了，还死了不少，这就更说明疾疫是这次失败的重要原因。在《三国志·先主传》、《吴主传》等篇章中，这种疾病困扰的记载也有很多。

那么赤壁之战中曹军感染的是什么疾病呢？据今人考证，应当是血吸虫病。1981年，《中华医史杂志》和《文汇报》均曾载文分析考察当时的情况，指出当时正值冬春之际，是血吸虫病发的高危时期，而荆州赤壁一带又是此种疾病的多发地，曹军士兵呕吐、发烧、拉稀等症状与之相符。在当时的医疗条件下，血吸虫病本来就难以治疗，曹军又是在行军作战，必然导致病情的大规模传染。

这场流行性血吸虫病，让气势汹汹而来的曹操大军兵败如山倒，被势力明显处于劣势的孙刘联军打败，实在是一件很恼火的事情。《三国志·孙权传》记载："瑜、普大破曹公军，公烧其余船引退，饥疫死者大半。"又《武帝纪》裴注引《江表传》说："周瑜破魏军，曹公复书与权曰：'赤壁之役，值有疫病，孤烧船自退，使周瑜虚获此名。'"曹操对赤壁之战的失利耿耿于怀，反复强调是这场病疫让他战败，是他自己烧船自退的。由此可见，军队感染疾病的确是曹操赤壁之战失败的一个重要原因。

"玄武门之变"的真相

公元626年7月2日，也就是唐武德九年六月四日，秦王李世民——唐高祖李渊的次子，在皇宫北门——玄武门外设伏诛杀了进宫途中的太子李建成及齐王李元吉。其后，高祖李渊无奈之下传位于秦王，史称"玄武门之变"。我们来看看正史中关于这场政变经过的记载，《旧唐书》卷64《李建成传》："六月三日，密奏建成、元吉淫乱后宫……高祖省之愕然，报曰：'明日当勘问，汝宜早参。'四日，太宗将左右九人至玄武门进行自卫……建成、元吉行至临湖殿，觉变，即回马，将东归宫府。太宗随而呼之，元吉马上张弓，再三不彀。太宗乃射之，建成应弦而毙，元吉中流矢而走，尉迟敬德杀之。"历史的笔触永远都是这么的中性和冷静，然而这寥寥数语却折射出一场惊心动魄、复杂惨烈的生死斗争，其中充斥着血腥、阴谋、人性的撕裂和扭曲，留给后人无限的想象空间。

公元626年7月1日，李世民向父皇李渊举报说，李建成和李元吉竟然和后宫的嫔妃有染，这无疑刺激了李渊作为父亲和男人的神经，于是决定让二人第二天进宫和李世民对质。但李世民检举的真实目的却是趁李建成和李元吉进宫之时一举歼灭长期以来压制和排挤自己的政治势力。为了表白自己，李建成和李元吉决定进入皇宫和李世民当面对质。

7月2日，秦王李世民率领长孙无忌、尉迟敬德、房玄龄、杜如晦等一百多人入朝，并在玄武门埋下了伏兵。李建成和李元吉一同入朝，后来发觉不对头想掉头抽身。此时，李世民带领伏兵呼啸而至。齐王李元吉向李世民连射三箭而不中，而李世民一箭就射死了李建成。后来李元吉在逃跑的路上被尉迟敬德射死，侥幸逃逸的东宫侍从将此消息传给了东宫的部将，于是东宫列队前来复仇并在玄武门外和秦王的人马进行了激烈的战斗。在危急时刻，尉迟敬德将太子和齐王的头颅示众，东宫的兵马才散逃。三天后，李世民被立为皇太子。两个月后，唐太宗李渊退位，李世民登基，年号贞观。至此，政变以秦王李世民的胜利而告终。

唐朝，这个充满浪漫、激情的朝代，在公元626年7月2日上演了一场惨痛的宫廷操戈的闹剧，其后却也诞生了一派名垂青史的开明政治景象——"贞观之治"。唐太宗李世民也因为开创了一代盛世而成为中国古代英明君主的典型代表。宫廷政变一方是已具太子之名的李建成，另一方是有着赫赫战功的秦王，他们是同父同母的亲兄弟，也是水火不容的敌对方。本是同根生，相煎何太急！究竟是谁策动了这场充满了悬疑的政变？"玄武门之变"的真相又是什么？

悬疑之一：谁造成了宫廷政变

"玄武门之变"，看起来似乎有4个主角：唐高祖、太子李建成、秦王李世民、齐王李元吉。而引发的导火索只有1个，那就是唐朝的储君之争。在隋唐朝代的更替中，即任李渊建立唐朝、统一中原的过程中，太子李建成和秦王李世民分别成为他的左膀右臂，同时也形成了初唐时期的两大政治集团。这两大集团为了储君之位展开了长期的明争暗斗，最终导致了兄弟相残的血腥场面。而到底是谁造成了"玄武门之变"，史学界对此的看法纷纭不一。

一说太子李建成：私营朋党，引发众怒，造成了"玄武门之变"。

李建成，高祖与窦皇后所生嫡长子，李渊称帝当年便将其册立为太子，可能其中就包含有早定名分，以免兄弟相争的意思。按照封建社会"立嫡以长，礼之正也"的宗法观念，首先他在世俗的礼仪观念中占据了制高点，同时他身边还聚集了王珪、魏征等贤能之臣，并且由于长期留居关中，李建成在京城长安一带具有坚实的基础。而以英武著称的皇四子李元吉也与李建成结为一党。李元吉也非善类，虽然仅为皇四子，却也梦想着得到皇位，但是他明白，"但除秦王，取东宫易如掌耳"。只有先除掉战功卓著的李世民，他才能容易在与李建成的皇位之争中取得胜利。当李建成和李元吉一起将矛头对准秦王的时候，李世民似乎进入了人生的低谷。在争斗中，太子一党步步为营，占据了较大的优势。

公元624年，储位之争达到了白热化和公开化的程度，并发生了"仁智宫事件"。当时，李建成为保住太子之位，预防兄弟仇杀，招募四方勇士达2000人，号称"长林兵"。同时，又派心腹之人招募突厥骑兵300余人。李建成一方面积极地扩充东宫的实力，一方面与李元吉定下计谋，趁着当年六月李渊前往仁智宫避暑的机会，派东宫部将尔朱焕、桥公山送信给杨文干，令其于庆州发动兵变，里应外合谋害李世民。后尔朱焕、桥公山两人深感此事关系重大，在中途反悔，并向李渊告密。李渊闻讯大怒，为防止事情进一步恶化，下令将李建成扣留，并向李世民立下了改立储君的誓言。后来，齐王李元吉通过同情李建成的嫔妃向李渊求情，又贿赂朝廷重臣封德彝劝说李渊。在嫔妃和重臣的周旋下，李渊才改变了废立太子之事。

"仁智宫事件"后，虽然李渊试图平衡兄弟之间的关系，大打亲情牌。但是由于李建成和李世民之间芥蒂已深，且李元吉认为李世民不甘久居人下，肯定不会真心与兄弟修好，于是两人对李渊的苦心采取了不合作的消极态度，继续与李世民为敌，此后又发生了"进谗"和"下毒"事件，彻底点燃了兄弟间的仇恨之火。

史载这年在突厥退兵后，李渊为了缓和兄弟三人的紧张关系，命兄弟三人驰射角逐。李建成将一匹劣马给了李世民，结果劣马连蹶3次，李世民都能及时的跳离马背，免于遭殃。秦王回头对部将说："打算借助这匹胡马害我，人的生死自有命运决定，就凭他们能够伤害到我吗？"于是李建成趁机在李渊面前诬陷李世民说："秦王自称：'上天授命于我，正要让我去做天下的主宰，怎么会白白死去呢？'"于是高祖大怒，斥责了李世民。

"下毒之事"则是发生在公元626年6月，李建成、李元吉请李世民入宫宴饮，并在酒中下了慢性毒药，结果李世民"心中暴痛，吐血数斗"，但竟然不死。于是，两大集团的权力之争达到了顶峰。作为对李建成步步紧逼的反击，在经过密谋和策划后，出现了秦王进宫密奏建成淫乱后宫，在玄武门外挽弓射杀兄弟的一幕。

一说秦王李世民：战功卓著，觊觎皇位，发动了"玄武门之变"。

李世民，李渊次子，于公元599年生于武功别馆。史书称，李世民出生时，有二龙戏于馆门之外，前后三日才离去。就是这位李世民为李唐王朝的建立立下了汗马功劳。《资治通鉴》记载："上之起兵晋阳也，皆秦王世民之谋。"在他的倡导和鼓动下，李渊打响了建国"第一炮"——太原起兵。《新唐书》中也有李世民设下"美人局"逼父造反的戏剧化情节：李世民本想起兵造反，却担心父亲不肯，因为李渊不仅与隋文帝杨坚感情深厚，还是隋炀帝杨广的表哥。于是李世民心生一计，并找到李渊的心腹裴寂商量。裴寂找了个隋炀帝的宫女送去侍候李渊，销魂一夜。裴寂将李世民的心事和盘托出，李渊不肯。裴寂便道："你已经挑衅了皇帝的权威，并淫乱宫闱，只有造反，才能免于一死。"

虽然在李唐王朝的建立过程中，秦王李世民的功劳最大，立下的战功最多，但作为皇帝次子，正常条件下做皇上可能性很小，除非是发生意外或者政变。李世民可能早就有争夺皇位的野心。据《旧唐书·杜如晦传》记载，在李世民平定长安后，让他感到不安的是秦王府很多文武官员被调赴外地。房玄龄一语惊醒世民，再多的人也不如杜如晦，他是辅佐帝王之才。如果想要"经营四方"，则非此人不可。李世民闻言立即将已外调的杜如晦调回。这段史料在无意中暴露了早在建唐之初，李世民就在积极谋划"经营四方"、夺取皇位了。

另外点燃李世民争夺皇位野心的还有高祖立其为太子的许诺。《资治通鉴》上写道："上之起兵晋阳也……上谓世民曰：'若事成，则天下皆汝所致，当以汝为太子。'世民拜且辞。及为唐王，将佐亦请以世民为世子。上将立之，世民固辞而止。"由此可见早在太原起兵之初，李渊就曾许诺立世民为太子，只是被李世民坚决地拒绝了。而在"仁智宫事件"中，李建成授意杨文干谋害世民事情败露后，杨文干起兵造反。于是李渊再次向李世民许诺，若能出征招讨反叛成功，班师后则立世民为太子。然而，一次次的许诺都变成了无法兑现的泡沫。

李世民发动"玄武门之变"的理由之三是李建成的步步紧逼。李建成一党不仅通过嫔妃向李渊进谗，还处心积虑的削弱李世民的势力，并发生了"下毒"这样直接危及李世民生命的事件。从这个层面讲，"玄武门之变"

也只能算作维护自身利益的"自卫反击"。

一说唐高祖李渊:意废建成,欲立世民,秘密策划了"玄武门之变"。

据史载,创建李唐王朝基业的李渊深感"打天下难,守天下更难"。李渊通过观察和比较后发现,李建成和李世民都有做大事的才能,但是李建成长大后贪色好酒,又喜游玩,常与游侠为伍。且建成个性比较软弱,做事不果断。特别是发生"仁智宫事件"后,李渊深感建成有步隋炀帝后尘的可能。为了大唐江山,李渊确有改立李世民为太子的计划。李元吉本"不预义谋,又无功于天下,疾秦王功高望重,共为奸谋。今秦王已讨而诛之,秦王功盖宇宙,率土归心,陛下若处以元良,委之国务,无复事矣"时,李渊回答说:"好!这也是我平生的夙愿。"《资治通鉴》可见李渊对世民的偏袒之心是多么的明显!

第一种看法认为,李渊支持李建成。作为一位封建帝王,"立嫡以长"的观念在李渊心中是根深蒂固的。在唐朝创建之初,就立李建成为太子。虽然后来多次许诺立李世民为太子,但多为维护政局平衡的权宜说法。但当李渊发现李世民有争储之心时,就说过"此儿典兵既久,在外专制,为读书汉所教,非复我昔日子也"。这话语间流露的是对李世民的强烈不满。

第二种看法认为,李渊采取的是中立态度。面对两子争夺太子之位的激烈斗争,李渊往往是以安抚为主,这也是因为隋朝废立太子留给他太深感受的原因。如杨文干起兵反叛之事,李渊一边又许诺李世民为太子,一边要封李建成为蜀王。可以说,李渊的不作为态度也纵容了唐初的夺储之争。

悬疑之二:为何决战于玄武门

"玄武门之变"作为唐朝第一次宫廷政变,虽然催生出一位千古明君——李世民,也就是在他的带领下,唐朝走向了欣欣向荣的盛世,但也开启了唐朝宫廷政变的先河。在唐朝此后300余年的历史中,发生了4次"玄武门之变"。以至于陈寅恪先生说:"唐代历次中央政治革命之成败,悉决于玄武门即宫城北门军事之胜负。"为何玄武门具有这么重要的战略位置呢?

按照唐代皇宫的规制,都城的皇家宫殿是唐朝的政治权力中枢。而这些皇家宫殿的格局是沿着南北向轴线对称排列,分为外朝、内廷两部分。而最为关键的是，外朝位于皇宫南部，内廷则处于皇宫北部。于是，皇宫城墙北面诸门对内廷就起着保卫安全的重要作用。而作为北面正门的玄武门，就更是有着举足轻重的地位。从这个角度分析，政变发生时首先控制玄武门的意义就很明了了：控制玄武门等于控制了内廷，控制了内廷等于控制了皇帝，从而控制了中央政府。

李世民从政变之初就控制了玄武门，所以才能够率领部下在玄武门内的临湖殿伏击李建成和李元吉，伏击成功后抵挡住了李建成部下的猛烈进攻，从而控制皇宫，震慑高祖。但若李世民没能控制住玄武门，那么这次政变的下场也许只能是失败，李世民将作为谋反者被诛杀。成者王败者寇，生死荣辱，都将定格在这一瞬间。

历史已经不能重演，但是我们在此还能作出种种的推测和假设，虽然这些假设已经显得无关紧要。假如李建成当初听从李元吉及臣下之言，趁早铲除秦王李世民，就不会发生后来的"玄武门之变"，就不会落个全家被诛的下场；假如在"玄武门之变"中，李元吉能够一箭射杀李世民，或李世民政变失败被诛，就不会有政治舞台上的唐太宗，而"贞观之治"也许就会变成一场遥不可及的梦；假如李世民继位后并无多大的建树，未能出现后来被人称颂的"贞观之治"，那么李世民就会像隋炀帝杨广一样永远背负着杀兄的骂名，而"玄武门之变"也只能沦落为一场寻常的兄弟相残的宫廷惨剧而已。

太多的假设，太多的偶然，然而历史依然按着自然衔接的进程发生，而那些事实的真相也许只能掩埋在历史的迷雾之中，留给后人的也只是一幅若隐若现的历史画卷而已！

秦始皇不立后之谜

中国古代皇帝有多个夫人及众多妃嫔，后妃制度中"第一夫人"又称皇后，皇后是太子之母，立后制与储君制相互关联，成为中国古代后宫制度乃至君主政治的重要组成部分，并演出了一幕幕政治话剧。

秦人在秦孝公（公元前4世纪）以后对于立后和立太子之事已经制度化，秦国在发展壮大过程中，各种国家制度已完善，秦统一中国后更全面建立了各种制度，并定出了皇帝的正妻为皇后，皇帝的母亲为皇太后的制度。但是秦始皇却始终没有设立皇后，这成为令人费解的千古之谜。

秦始皇13岁即位到22岁亲政，中间有9年的太平天子时间，也正是古代男子要娶妻的时间。即位3年，秦始皇便有资格立后，但前后9年他都没有立后。22岁到39岁的17年是他自己掌权、统一六国的时间，虽则国事繁忙，但是秦始皇要立皇后也不是什么难事。从39岁到50岁时，秦始皇多在巡游路上，虽然立后要以"母仪天下"为标准，可也花不了多少时间，秦朝虽短，但秦始皇有充足的时间立皇后，不是他来不及立皇后，实际上是他自己不愿意，并不是他的母亲不操心，也不是大臣们不尽职。

秦始皇在有机会立皇后的时间内未立皇后是有许多原因的，但究竟是出于什么目的和原因，这只能成为世人心中永远的一个谜。从众多复杂的原因中推究，可能除与他的性格多疑，害怕被皇后牵制住外，还跟秦始皇追求长生不老和后宫美女过多有关。

△ 秦始皇

秦始皇曾4次巡视六国故地，其中3次都会见了徐福等方士以求长生不死之药，甚至派遣徐福率领300童男童女赴东海神山求药。正是长生不死的厚望和六国佳丽充斥着后宫，一定程度上延迟了秦始皇立后的进程。

据史书记载，秦始皇的母亲行为失谨，秽乱后宫，并生了两个儿子，这使秦始皇在思想上受害甚深，可谓是终身难忘的伤痛。为此，他把母亲赶出了国都咸阳，后来虽有悔过，但至死未让她住咸阳。正如秦兵马俑博物馆副研究员张敏所说的那样："由怨母而仇视女人的心理阴影，使秦始皇长大后在婚姻能力上未能健康发展。宫中众多女人，仅仅是为了满足他的生理需要。由于他的母亲做出的种种行为使秦始皇造成了一定的心理障碍，也是秦始皇迟迟未立后的重要因素之一。"

其实，秦始皇统一六国后，东方六国的佳丽尽收后宫，但是要选一个名门之后的贤淑女子也是一个难题，更何况秦始皇自认功德超过了古代的圣王——三皇五帝，皇后的标准更加难定，选定皇后就更难上加难了。

"五四运动" 火烧赵家楼之谜

火烧赵家楼是一件具有划时代意义的大事，因为这把火，掀起了五四运动的高潮，历史从此进入一个新阶段。然而，人们至今对火烧赵家楼的细节还不清楚，尤其是谁放火烧毁了赵家楼曹汝霖的宅邸，仍是众说纷纭。

让我们来回顾一下历史的片断：1919年5月4日下午，北京十三所学校约五千多人，因巴黎和会及取消"二十一条"等问题举行游行示威，并冲击时任交通总长的曹汝霖住宅赵家楼。其实这是一个策划好的行动，据当事人之一的俞劲回忆："五四运动的前两天，少年中国学会、爱国会、国民杂志社三个团体的少数成员，大约二十余人（尽我的记忆所及，大都是湖南人和江西人，有匡日休、夏秀峰、易克嶷、熊梦飞等），在高工或北大理学院（现在想不起到底是哪一场所）开了一个秘密会议。与会者异常愤慨，有主张暗杀卖国贼的，有主张实行暴动的。最后决定派人密查卖国贼曹汝霖、章宗祥、陆宗舆等人的行踪，并准备于5月4日那天采取行动，这是五四前夕秘密会议的大概。这一会议，可以说是痛打章宗祥、火烧赵家楼的准备战。"

1919年5月4日上午10时左右，各校学生约六七千人，在天安门前集会……大会后，队伍出发，依照大会决议，应向总统府去请愿，但走在队伍前面的人（有些是参加五四前夕秘密会议的），却有目的地引导队伍浩浩荡荡向赵家楼曹汝霖公馆走去。"

以上记载与中共北京市委党史研究室编写的《北京革命史话》基本一致：

北京高师的学生们异常激动，决心用实际行动进行反抗。学生领袖匡互生遂与国立八校的湖南籍学生二三十人组成秘密小组，策划行动。5月3日晚，在校操场北角一间小屋里聚集了十几位工学会主要成员：匡互生、周予同、杨荃骏、俞劲、周为群等人，经过几番商讨，决定采用激烈的手段惩治卖国贼。主要以曹汝霖、章宗祥、陆宗舆为目标，首先将他们打死，哪怕打倒一个也好。大家分头准备各自的任务：有的去调查曹、章、陆的住址和行踪；有的去准备放火用具；有的去设法搞到曹汝霖、章宗祥、陆宗舆三贼的照片，以便对证。有的准备旗帜和标语。匡互生誓言要作"流血大牺牲"。

队伍到了赵家楼后，因为公馆紧闭，学生拥挤在门口，据俞劲回忆说："这时突然有领队某君（参加五四前夕秘密会议人员之一，湖南人，高师数理部学生，曾习武术，臂力过人），奋不顾身，纵步跳上右边小窗户……便不顾一切跳下去，迅速而机警地把大门打开，于是大队学生蜂拥而入。"

这位"某君"指的就是匡互生，但也有其他说法，北高师的陈荩民和北大的许德珩都说是踩着匡互生的肩膀跳进窗内的。总而言之，匡互生是勇闯赵家楼的重要角色。

接下来就是举世闻名的"火烧赵家楼"了，但因为场面混乱，谁是点火者至今尚是疑问。但有一点，肯定是北高师的学生。北大中文系教授陈平原和夏晓虹主编的《触摸历史——五四人物与现代中国》一书写道：

如此巨大的光荣，似乎没有其他学校的学生前来争领。历来自居老大的北京大学，对此事也只能含糊其辞；甚至还出现了北大中国文学院学生萧劳也都站出来作证，将"放火"的光荣拱手相让："我行至曹家门外，看见着长衫的两个学生，在身边取出一只洋铁扁壶，内装煤油，低声说'放火'。然后进入四合院内北房。将地毯揭起，折叠在方桌上面，泼上煤油，便用火柴点着，霎时浓烟冒起。我跟在他们后面，亲眼看见。大家认得他俩是北京高等师范的学生。"

当时俞劲也在现场，是目击者，他说得很清楚，那位放火的人就是匡互生。他说："大约到了天将黑的时候，忽然黑烟从后边房院升起，一会儿火势熊熊地蔓延开来，我们广大青年群众痛快淋漓地高呼口号而散……这场火究竟怎样起的？当时知道的人不多。放火的也就是那位跳窗户开大门的某君。当时队伍在大街游行的时候，我和某君同在队伍前面，他要我快跑去买盒火柴，我知道他不吸烟，可干吗要火柴？但立刻体会他要买火柴的意图，

便迅速地离开队伍买了一盒给他。这盒火柴果然得到了妙用。这就是……火烧赵家楼的情形。"

俞劲将光荣给了匡互生，"北京师范大学同学通讯辑刊"中也采此说，从进入曹宅后，"匡互生取出准备好的火柴，和周予同一起撕下床上的帐子。这时担任此次示威指挥的北大学生段锡朋看到，立即过来阻止说：'我负不了这个责任！'匡互生说：'谁要你负责任，你也确定负不了责任。'说着，即将火柴点燃，熊熊怒火和着学生们的愤怒冲天而起"。

这一说法得到了大家的公认。但最近俞劲的外孙王立翔先生提出了自己的观点，他在《记火烧赵家楼的点火者——俞劲》一文中认为，火烧赵家楼的点火者应该是自己的外祖父俞劲，他举出的证据十分有力，出自于北高师学生张石樵的自述，他也是现场的当事人，自称"亲眼看到北京高师一同学用煤油把房子点着了，我还添了一把火，赵家楼顿时火起……至今仍有不少人误把匡互生说成是烧国贼的放火者，这应该加以更正，真正放火者为俞劲（又名慎初）。我们不能为此而改写历史"。

说点火者非匡互生所为还有一条佐证，因为匡互生本人也有相关文章留世，他在1925年写下了《五四运动纪实》，只提学生放火是"以泄一时的忿怒"，而没说火是谁点的。

武夷山悬棺之谜

武夷山具有丰富的历史文化遗存。早在四千多年前就有先民在此劳动生息，逐步形成了国内外绝无仅有的"古闽族"文化和其后的"闽越族"文化，绵延两千多年之久，留下众多的文化遗存。而其中最让人为之着迷的是武夷山上的悬棺。

武夷山曾属瓯地。古时有过闽瓯、越瓯等称，秦汉之际又分为东瓯、西瓯，武夷山则属于瓯人的活动中心。

有个原始故事：一位孤独的老婆婆，收养了一个短尾人。老婆婆死时，这个短尾人刮起了一阵狂风，把老婆婆的遗体送到了悬崖之上。因为，短尾人是不凡的龙子，他每年三月三都要来扫墓，因此，形成三月三的歌节。

这是关于瓯人的故事，说明了瓯地武夷山的悬棺葬俗似乎和这个故事有很密切的联系。"龙子"是蛋人的自称，这个短尾人就包含了蛋人的图腾崇拜印迹。宋代的祝穆曾经写道："混沌初开，有神星曰：圣姥母子二人来居此山，众仙立为皇太姥圣母。"

圣母也是"幔亭招宴"中的一个重要人物。母子两人居于山中，与上述那个故事中的主人翁不正恰好对应么？同源于古越蛋人的侗族，最崇奉的神就是"去世了的祖母"，都带有明显的母系社会的痕迹。这故事中所表现的葬俗，其实是出于后人对先人的崇敬，也就像人们所普遍猜测的那样，极受族人尊敬的人物，才可能享受悬棺葬这种礼遇，因为这种祭奠要耗费巨大的人力、物力。

此外，这种葬俗必然与当时武夷的民族意识有关。郭沫若先生考察时曾提出，这是一种属于天葬的葬式。武夷山曾有"悬棺数千"，那时，悬棺可能布满了山中大小、高低的各岩壑，免受风雨之侵大概是最基本的条件。为什么要把它高搁在悬崖绝壁之上？

有的人提出，这是为了表达后人对死者的虔敬；有人提出，是部落酋长为了显示身份、显示势力、显示与众不同的一种方式，其中也有子民们臣服的意识；有人以为这是为了保护尊者的遗体不受野兽的侵扰，以保佑亡灵平安无恙；有人以为这是古人山岳崇拜意识的体现，是为了使亡者的幽灵更便捷的升入天国等。

那么，武夷山上的悬棺葬俗对其他地方的殡葬风俗有多大影响呢？武夷山作为悬棺葬俗的发源地，为学术界所公认。随着武夷人的迁徙、文化的交流，这种葬俗竟波及南方的14个省、区，成为我国南方古代少数民族的一种具有普遍意义的文化现象，它的影响甚至波及东南亚。

武夷悬棺葬俗可追溯至夏禹时代，这种葬俗在春秋、战国时候的江西贵溪得到了充分的发挥，留下了许多遗物，有的仿屋宇造型，还出土了大量先进的纺织器材及织品，与武夷先民高度发达的纺织技术可谓一脉相承。

先秦时同属瓯地的浙江省的临海在东汉时还有悬棺葬的习俗，是安家族人所尊奉的习俗；而在台湾都兰，也有属于先秦时代的岩棺遗物；湖南有楠木洞，石缝中有船，俗称仙人所居沉香船的地方；贵州安顺有牛角苗者，"人死，用棺以窑藏，挂于岩上"的风俗，而这种悬棺葬俗，在四川分布最广；三峡有所谓的"兵书宝剑匣"，在龙河两岸，随处可见"凿岩为穴，置棺以葬"的岩棺；在小三峡一带则又可见以栈悬棺；而四川宜宾珙县境内现存的悬棺之多可谓全国之最。

近年来，考古人员又在武夷山东部的松溪县，发现了一个"千棺洞"，内藏三四百具明清时代的棺木。由于数千年的发展，这种葬俗文化的内容因而显得格外丰富。棺形由船简化为似屋、似函、似臼，以至普通棺具。

武夷船棺以其神秘性和独特性吸引了千百年来的无数过客。它的形制是什么样的呢？考古人员在武夷山的观音岩取下的一号船棺残长3.54米，宽0.56米，高0.78米，棺内空长2.16米，棺的头部和尾分别向外延伸，各有一洞，棺底两端向上翘，有明显的船形。棺盖头部伸出，头略翘。那么，这样沉重的船棺又是怎么放进山洞里的呢？

△ 武夷山悬棺

《晋安逸志》中曾记载了这样一个小故事：一个叫游三蓬的青年是秦国人，年少的时候就成为孤儿。一天，游三蓬正在和弟弟打鱼，在一个叫泊梅溪的渡口遇到一个请求渡船的老翁，老翁穿着破烂，游三蓬问老人想坐船到哪里去，老翁回答："玉皇大帝和王母娘娘将大宴群仙，所以我要参加宴会，不知道你们想不想跟我一起去呢？"兄弟两个听到老翁说的话，很高兴地答应了，老翁就让兄弟两人闭上眼睛，坐在舟中不要睁开眼睛，兄弟二人闭紧了双眼，听着耳边响起了大风，感觉就像在飞一样。不一会，老翁叫他们睁开了眼睛，而他们则已经到了很远的地方了。

武夷民间还传说"有个仙人乘舟渡月而来，船马上就到达地面，结果被一个女子看到了，于是，仙人就变成白鹤飞走了，而把船留在了这里"。

同样盛行悬棺葬的四川宜宾珙县，传说是变成神鹰的黑衣力士用手托举升上陡壁。三峡附近则传说："昔人于江上斗龙船，忽飞起置今处，"说是自己飞上去；广西则记载："人谓神巫有奇术，能将棺木深夜飞升……"；《太平广记》中则写道："或风雨之夕，闻人马箫管之声，及明，则有棺椁在悬崖之上。"这些故事，其实都是人们对这个千古之谜百思不得其解之后的附会。传说毕竟只是传说，它代替不了事实，也代替不了一代又一代人的探索。

严峻的生活，强悍的习性，独特的信仰，再加上他们的勇敢和智慧，武夷族的先人为了让死者享受永久的冥福，他们在峰峦沟壑间，举行了一次又一次隆重的葬礼，在武夷山上留下了这些永恒的祭奠。所有放置船棺的洞穴，上到峰顶，下至崖谷，都至少有数十米之遥，而所处的峭壁大多陡峭，令人们根本就无法攀援。武夷族先人是用什么方法将船棺放进岩洞之中的呢？

有人根据明代的记载，提出可能是从岩顶将棺木悬吊垂下至洞穴后，将棺椁移入洞穴的。如唐以前的五溪蛮，于"临江高山半肋，凿龛以葬之，自山上悬索下柩"。但三四千年前，人类还未发明使用辘轳等机械，船棺仅长就近五米，形体巨大，难以控制，有的岩石突出，会将船棺撞毁，何况有的山峰本身就无法攀登，又怎么可能架栈道将船棺移入呢？

武夷山自古以来就有许多飞阁栈道的记载，虽然架设栈道的工程浩大，但武夷悬崖多是单独成峰，突兀峭拔，无缓坡可供架设。有人发现在某些峭壁间似有插孔做栈道的痕迹，但考古人员曾仔细观察过，在陡峭的悬岩峭壁间根本就没有栈道的任何痕迹。

那么，是否可能用搭设台架的方法升置船棺呢？因为广西有这样的先例，但是且不说搭设三五十米的台架要耗费多少人力物力，而大藏峰的金鸡洞，下临深潭，水流萦回，台架又何处可搭呢？

众说纷纭，却未能有一个令人信服的答案，大概是各种手段都兼而有之，至今人们还在力图互相说服，而四千年前生活在的武夷的先人早已悄悄地把仙舟高高地搁在悬崖峭壁之上了，留下这个令一代又一代后人绞尽脑汁也难以解开的谜团。

历史上到底有没有花木兰

花木兰替父从军的故事在我国流传甚广，妇孺皆知。传说花木兰的父亲年事已高，不能参加征战，花木兰便挺身而出，代替父亲出征，随军征战12年，杀退了敌人的入侵，立下了赫赫战功。归来后，皇上欲赏她尚书郎职位，花木兰却不慕荣华富贵，辞而不受回到了家乡，受到了乡亲们的热烈欢迎。这个故事反映了中国古代妇女仁义孝顺、勇毅有为的高贵品质，千百年来成为巾帼不让须眉的象征，花木兰的形象也成为最受人民群众喜欢的历史英雄人物之一。那么历史上到底有没有花木兰这个人，花木兰替父从军的传说到底是不是真有其事呢？

花木兰的事迹之所以流传千古，主要得益于宋代郭茂倩编纂的《乐府诗集》。这是一部收录汉魏到唐、五代的乐府歌辞兼及先秦至唐末歌谣的诗集，其中收录了北朝民歌《木兰辞》，诗歌歌颂了花木兰替父从军的故事，后世关于花木兰的传说绝大多数都是根源于此。除此之外，关于花木兰的故事无论在正史还是野史中都没有记载，只有在各地方志和诗词戏曲中能发现花木兰的影子。因此，《木兰辞》和各地方志等成为探索花木兰其人其事的唯一来源，考究历史上有没有花木兰其人，花木兰姓甚名谁、祖籍何处、平生事迹如何等也只能从这些资料入手。根据《木兰辞》和各地方志，及民间流传的关于"木兰从军"的故事，花木兰的事迹大致有以下几种说法：

一说花木兰是河南省商丘市虞城营郭镇周庄村人。据《商丘县志·列女》卷十一记载："木兰姓魏氏，本处子也。世传可汗募兵，木兰之父耄赢，弟妹皆稚呆。慨然代行，服甲胄箭囊。操戈跃马而往，历年一纪，阅十有八战，人莫识之。后凯还，天子嘉其功。除尚书不受，恳奏省亲，及还家。释其戎服，衣其旧裳。同行者骇之，遂以事闻于朝。召复赴阙，欲纳诸宫中。木兰曰：'臣无媲君之礼'，以死誓拒之。迫之不从，遂自尽。帝惊悯，追赠将军，谥'孝烈'。"意思是说木兰姓魏，替父从军后辞官不受，皇上知道真相后又想把她召到后宫中，但木兰宁死不从，自杀身亡，皇上大惊，于是追赠木兰"将军"称号。现在河南虞城仍建有木兰祠，祠中设木兰像，并幸存两块祠碑：先是元代《孝烈将军像辨正记》碑；再是清朝《孝烈将军辨误正名记》碑，当地的各种民间传说和歌谣中也留有木兰从军的故事。

二说花木兰是安徽亳县人。这种说法认为木兰姓魏名木兰，安徽省亳县人。据《亳州志·烈女志》记载，隋代恭帝时期，北方少数民族入侵，朝廷出兵迎战。木兰因父亲已经年迈体衰而代父从军，前后征战12年，屡建奇功。凯旋之后，恭帝欲封她为尚书，但是木兰不羡慕荣华富贵，坚决推辞返回故乡了。后来恭帝知道木兰乃是女儿身之后，非常震惊，又想将她收入后宫。木兰加以拒绝，皇帝不许，木兰于是在气愤中自杀身亡。恭帝后悔，赠予她"孝烈将军"的称号。可见，这种说法除木兰的出生地不同外，其他事迹与第一种说法基本一致。

三说木兰是河北完县（今河北顺平县）人。这种说法来源于河北《完县志》的记载，当地现在还建有孝烈庙，又名木兰祠，相传为唐代所建。明万历年间御使何出光曾经主持重修木兰祠，并作《木兰祠赛神曲》十二首以纪念木兰，在序中说："将军……魏氏女，汉文帝时，老上寇边，帝亲征，大括民兵，殆可空国。将军以父老迈，不任受甲，身伪其子以行，"祠内还有一通《汉孝烈将军记》祠碑，上面有"汉世尝作《木兰辞》"的记载。这一观点把花木兰生活的年代推到了汉代，代父从军之事则无大异。

此外，还有关于花木兰是湖北黄陂人、陕西延安人的说法。

在湖北黄陂有座木兰山，山上有木兰庙、木兰殿，殿内端坐木兰鎏金塑像，男装女貌，英俊神武，在殿门上则刻有"忠孝勇节"四个大字，据传木兰山下就是木兰的家。不过在这里的木兰是朱氏木兰，但其女扮男装、代父从军的故事则是一样的。而在陕西延安，则建有木兰陵园，陵园内建有墓冢，碑刻上写着"花将军墓"，还有白居易、杜牧等著名诗人歌颂花木兰的诗词，园内立有木兰戎装石像。当地同样流传着木兰从军的故事，不过故事中的木兰姓花，北魏人，家住延安城南万乡源头村。死后葬于此地，称"花家陵"，皇帝还曾派人送葬，墓下有石阶，两旁分列石人、石马等。

这样看来，关于花木兰故里的传说就众说纷纭，难于确定，但经过历史考证和各地木兰纪念祠的考察，一般认为河南虞城的说法较为可靠。

关于木兰生活的年代，则有汉、三国（魏）、北朝、隋、唐等种种说法。宋翔风的《过庭禄》中说她是隋恭帝时人；程大冒的《演繁露》中则说她是唐初人。根据《木兰辞》中"可汗大点兵"、"黄河流水鸣溅溅"、"燕山胡骑鸣啾啾"等诗句来看，还是北魏时期的说法比较可靠。因为据历史记载，公元402年至492年的90年间，北魏与柔然国的战争非常频繁，发生了大的战役就有二十多次，《木兰辞》故事的历史背景很可能是北魏抵御柔然入侵的战争。

而对于木兰的姓氏，正如前文所说，在各地流传的故事中都有所不同，有说姓魏的，有说姓朱的，还有说是复姓木兰、为鲜卑人的。明代徐渭在《四声猿传奇》中说木兰姓花，名木兰，其父亲花弧，是一个后备役军官，姐姐花木莲，弟弟花雄，母亲姓袁，一家共有五口人，仅存一说。

由于在史书中见不到花木兰的任何记载。因此很难确定她的真实情况，但根据各地流传下来的民间传说、民谣，以及各兴建的木兰祠，历史上存在一个女扮男装、替父从军的英勇女性的事情应该是确定的。由于各地方志和口传文学的不确定性，花木兰替父从军的细节则有所差别。事实上，《木兰辞》本来就是北朝民歌，流传于民间百姓的众口传唱，后来才被文人加以辑录，后代文人又对其进行了润色加工，因此对《木兰辞》是不可尽信亦不可尽疑的。我们可以大致确认，历史上曾经有一个英勇的女子，她为了让年老的父亲免于灾难，毅然选择了替父从征，杀退敌人后又不贪慕朝廷的荣华富贵，解甲归田与父母兄妹过起了田园生活，她身上体现的是中国女性的英雄气概和高尚道德。这才是考察花木兰事迹的真正意义所在。

杨贵妃生死之谜

公元756年7月14日，安禄山统领的叛乱军大举攻入长安，一场声势浩大的政变开始了，这便是历史上著名的"安史之乱"，繁盛的大唐王朝也正是由此走向衰败。

接到密报的唐玄宗连夜带领嫔妃以及贴身禁军仓皇出逃。第二天，逃亡队伍到达陕西境内的马嵬坡。就在这时，随行的将士突然起义反叛，当朝宰相杨国忠瞬间死于乱军之中。

随后，叛乱的将士将愤怒的矛头指向了玄宗最为宠爱的杨贵妃，年岁已高的老皇帝李隆基最终忍痛割爱，下令将爱妃自缢，并且其尸体葬在马嵬坡。

一年以后，安史之乱终于平息。玄宗皇帝回到长安后，秘密的令宦官改葬贵妃，然而，当人们打开杨玉环的坟墓后惊奇地发现，遗体早已不存在了，只有贵妃生前佩带的香囊静静地躺在棺中。

随后，长安城内便传出了杨贵妃遗体失踪、杨贵妃可能没死的惊天奇闻。贵妃的遗体怎么会失踪呢，人们陷入了迷惑之中。对此，人们有了多种猜测。

第一种观点认为，贵妃的遗体早已被盗墓的人盗走了，可是盗墓人没有留下香囊的理由。

第二种观点认为，杨贵妃确实死在马嵬驿，旧、新《唐书》与《通鉴》等史籍记载明确，唐人笔记杂史如《高力士外传》、《唐国史补》、《明皇杂录》、《安禄山事迹》等也是如此。只是为了掩人耳目，葬在了另外的地方。

第三种观点认为，当时，在马嵬驿被缢死的乃是一个侍女。禁军将领陈玄礼惜贵妃貌美，不忍杀之，遂与高力士谋，以侍女代死。杨贵妃本人流落于民间，被人带往遥远的美洲。

第四种观点认为，杨贵妃逃亡日本，日本民间和学术界有这样一种看法：杨贵妃则由陈玄礼的亲信护送南逃，行至现上海附近扬帆出海，飘至日本久谷町久津，并在日本终其天年。日本山口县"杨贵妃之乡"建有杨贵妃墓。

由上述可见，随着时间的推移，关于杨贵妃之死的传说越来越生动，究竟谁是谁非，只能作为一桩悬案了。

杨贵妃葬在四川吗？

关于杨贵妃的葬地，一直是不解之谜。有传说杨贵妃死后并未葬于陕西兴平县马嵬坡，而是葬于其故乡蜀州（今崇州市）三郎镇。据华西都市报报道，近日，四川省崇州市专门组织专家为杨贵妃葬地"探秘"，专家们从文献、人文地理和传说等方面进行考证，认为崇州市三郎镇就是杨贵妃的葬地。

四川大学综合科学中心研究员蔡正邦认为，《资治通鉴》记载，杨贵妃幼时常随父辈游宴于蜀州西北三郎镇一带。《"马嵬"方志》载：妃死前嘱，入宫后常念故乡蜀州佳山秀水，求归葬于翠围山中。白居易的《长恨歌》也证实："马嵬坡前泥土中，不见玉颜空死处。"唐时已普遍认为妃未葬于马嵬坡，玄宗入蜀后将贵妃遗体葬于蜀州翠围山旁之小镇，以杨贵妃常呼己"三郎"之名，更镇名为"三郎镇"以伴妃。

成都市文化局有关专家认为，从人文地理来看，贵妃墓应在三郎镇南。以翠围山、三郎镇为中心，周边人文地理富含凤文化，如翠围山后之凤鸣山，北面之山为凤栖山，山中有寺庙凤林寺，而古人对贵妃以"凤"相称，也印证了贵妃葬于蜀州三郎镇一带。

"狸猫换太子"真相

有一出京剧，叫《狸猫换太子》，演的是包拯巡行到一处破窑之前，被一双目失明的老妇拦住，哭诉自己的身世。经过细心推求，方知她就是当今圣上宋仁宗的生母李娘娘，了解了她鲜为人知的悲惨而又离奇的经历。为洗雪李娘娘的冤仇，包拯把她带回京城，设计使仁宗认母，使真相大白。

现实中的李宸妃并没有母子相认这一出。

据说，宋真宗最宠爱的妃子是刘德妃。赵恒登基之后，刘德妃从"美人"、"婉仪"，一直封到"德妃"，可惜未能生育。为了和杨淑妃、沈才人竞争皇后之位，她便想出了"借腹怀胎"的诡计。她刻意打扮身边的一个姓李的侍女，引诱宋真宗上钩。当这小宫女怀了"龙种"之后，她也装作怀孕的样子。待十月分娩之时，"两个"龙种先后呱呱落地。结果，演了一场真的"狸猫换太子"，李宫女被打入冷宫，寂寞而死，刘德妃则登上了梦寐以求的皇后宝座。

《宋史》则提供了另一种说法：

说是李宸妃实有其人。她本是刘德妃的侍女，生得花容月貌，怀上龙子时，刘德妃已被立为皇后。于是，刘德妃请皇帝把李宸妃生下的儿子赵祯立为己子。为了弄假成真，她把孩子从李宸妃怀里夺走交杨淑妃抚育，活活割断了李宸妃母子的联系。

后来，真宗去世，11岁的赵祯继位，史称宋仁宗。刘皇后成了刘太后。天圣九年（1031年），仁宗生母病危，刘太后晋升她为宸妃。次年，李宸妃去世。刘太后想，现在仁宗并不知道自己的生母是李宸妃，一旦将来自己死去，仁宗得知了实情，痛感自己生身的母亲在生前死后都没有得到应有的待遇，一定会怨恨自己，肯定还会迁怒于刘氏的后裔。于是，她吩咐以一品礼安葬李宸妃。

当时的宰相吕夷简又暗中吩咐内侍押班罗崇勋，给李宸妃穿皇后装成殓，并使用水银宝棺，刘太后也一一依允。

1033年，刘太后死后，宋仁宗才知道自己的生母是谁。他无比悲痛，无比愤怒。

于是，他下令包围了刘太后娘亲的府第，还是宰相吕夷简的一番公道话使仁宗冷静下来。吕夷简说："太后虽有不义之事，但以皇后礼仪厚葬宸妃，表明她已有自悔之心；刘、杨虽非生母，但对陛下仍有抚育之情，不可或忘。"

仁宗决定重葬生母。开棺考查，一看生母没有鸩杀、残害或者虐待的迹象，这才下令解除对刘姓戚属的包围。仁宗尊宸妃为皇太后，谥章懿，亲临殡仪之所祭告。

为了弥补他对生母的愧疚之情，他把李太后的弟弟李用和一再擢升，并把福康公主下嫁给李用和的儿子李玮。

由此看来，包拯和李宸妃之间肯定毫无关系，李宸妃也没流落到民间。至于刘德妃到底是用什么方法把宋仁宗收为己子的，谁也不知其详。

郑和下西洋之谜

　　从公元1405年开始，郑和先后奉永乐帝之命，率领庞大的船队7次访问西洋周边的国家和地区。所谓"西洋"就是指在明朝初期，以婆罗和文莱为界，以东称为东洋，以西称为西洋，故过去所称南海、西南海之处，明朝称之为东洋、西洋。郑和的船队不仅人数众多，而且还有号称"海中巨无霸"的宝船，浩浩荡荡、逶迤绵长，一时间气势万千，风光无限。然而，对后世而言，郑和下西洋也笼罩在历史的烟雾之中，很多的谜团我们都无法解开。

　　关于郑和下西洋的次数，史学界有两种看法，一种认为郑和前后一共七下西洋，这是一种被广泛认可的看法。七次下西洋也得到了郑和在福建长乐亲立的南山寺碑的佐证。在《饮妃之神灵应记》碑文中，郑和自己指出，第一次下西洋是"永乐三年，统领舟师至古里等国"。第七次宝船从龙江关出水，据记载，人数有27550人。而就在这次返航过程中，郑和因劳累过度于公元1433年4月初在印度西海岸古里去世。

　　而另一种看法认为郑和是八次下西洋。持这种观点的学者认为，根据历史的记载，在公元1403年，郑和就曾经率船队去过暹罗（今天的泰国）。这种说法可见于《敕封天后志》以及《簿底薄》、《宁波温州平阳石矿流水表》、《顺风相送》等民间航海史料中。

　　就是这次航海，还流传下来一段妈祖救护郑和的逸闻，并且在清代被人绘成《妈祖圣迹图·救护郑和》。根据成书于清代乾隆年间的《敕封天后志》中称"永乐元年，差太监郑和等往暹罗国，途中在广州大星洋面遭遇风浪侵袭，几近覆没。郑和立刻祈祷于天妃，忽然听到空中阵阵鼓乐之声，仿佛见妈祖立于云端。顷刻间，风平浪静"。

　　据《明史·郑和传》记载，在航海的船队中，郑和共有宝船63艘，最大的长44.4丈，宽18丈，其是当时世界上最大的海船之一，折合现今长度约为151.18米，宽约61.6米，重达800吨。它的铁舵，需要两三百人才能举动。船共4层，船有9桅可挂12张帆，锚重有几千斤，要动用二百多人才能起航，一艘船可容纳上千人。《明史·兵志》记："宝船高大如楼，底尖上阔，可容千人。"这是一艘怎样的巨船啊？作为"海上巨无霸"，这样的宝船究竟是什么样子的？它真的存在吗？

△ 郑和下西洋

疑问之一：大号宝船是否存在？

赞成派认同《明史》的说法。因为在对南京郑和造船厂进行考古的过程中，发掘出1个约15米长的舵，和《明史》中所述宝船的舵大小相符。南京郑和造船厂的船坞宽可约20丈。另外在伊本·白图泰（1304～1377年）的游记中也曾记录了中国巨大的12张帆可载千人的海船，这也可作为旁证。

质疑派认为中国明代不可能出现如此巨型的木帆船。况且木材强度有限，过大的船体无法保证水密性，难以长时间地航行。

而北京郑和下西洋学会副理事长郑明认为，大号宝船虽然是存在的，但是并没有出海。因为大号宝船并不是一种实用的船只，它的存在只是作为皇帝御用的摆设而已。

疑问之二：大号宝船是什么结构的？

有的专家经过考证认为大号宝船共8层。为了保证船行平稳，最底下的一层全部放置砂石，俗称"压仓"。上面的二、三两层是两个长80米、宽36米、高2米的大型货舱，是装载货和食物用的。第四层是顶到甲板的一层，这层沿船舷两侧设有20个炮位，中间3280平方米的空间是船上826名士兵和下级官员住的地方。每人的空间可以约达4平方米。再上面就是甲板了，甲板上的活动空间被分为前后两部分，船头有前舱1层，主要是船上108名水手生活工作的地方。整个舰队的"大脑"则在宝船船尾的舵楼上。这个舵楼共有4层：一楼是舵工的操作间和医官的医务室；二楼叫官厅，是郑和等中高级官员和各国使节居住和工作的地方；三楼是一个神堂，用来供奉妈祖诸神，并由4个阴阳官专门管理。舵楼最上面则是指挥、进行气象观测及信号联络等的场地。在前后楼之间的甲板上除了火炮、操帆绞盘外，还特地留出了2个篮球场大小的空间，专门供习操活动之用。

至于宝船为何称其为"宝"，则是因为这个字含有物质性的内容，如宝船所载皇帝赏赐各国的珍贵礼品及朝贡贸易的精美商品，以及从外国带回来的珍奇动植物、礼品及郑和船队从各地采购的中国当时稀缺的手工业原料、草药、农作物种子等。这些物品对于外国和中国而言都是宝物。同时，这个"宝"字也有精神性的内容，即宝船也是传达中国国威和实力的一种象征。

当永乐帝派遣郑和组建这样一支前所未有的庞大船队，一次又一次地驶向埋伏着巨大风险的茫茫大海时，他似乎没有核算过这样做的成本，他也许不知道，他是在拿国家的财政和社会的安定来做赌注。据明人王士性记载："国初，府库充溢，三宝郑和太监下西洋，赍银七百余万，费十载，尚剩百余万归。"也就是说，郑和之行，亏损白银600万两。于是就有人直陈朝政："三保太监（指郑和）下西洋，费钱粮数千万，军民死且万计，纵得奇宝而回，于国家何益？此特一弊政。"此言不可谓不恳切。

此时，朝廷的很多大臣也都上书要求停止远航，以内河漕运取代海运，刺激国内贸易的发展，使这个屡经战乱的国度得以生息。其实这些大臣的要求是正当的。在他们的心中，与其将大把大把白花花的银子抛向没有回报的大海，还不如发展国内的漕运，从而带动整个国家经济的发展。在经历了4年的"靖康之役"后，明王朝已经是国势衰微、财政枯竭了。

然而令人疑惑不解的是，永乐帝似乎是铁了心，就在接到群臣上书的冬天，郑和又奉诏进行了生命中的第六次远航。这一次远航也成为这位帝王生前所见证的最后一次远航。

朱棣到底要试图在茫茫的大海上找寻什么？究竟是什么样的力量把这位皇帝紧紧地吸引在了郑和的远航上？后世对于朱棣执著的命令郑和远航的目的推测很多，主要有三种看法。

一是"欲耀兵异域，示中国富强"。也就是说，郑和下西洋有着政治和经济双重目的。经济方面是开辟同外国进行海上贸易往来的航线，实现和外国的贸易物质交流。政治方面则是永乐大帝试图实现天朝上邦的理想和蛮夷来朝进贡的荣耀。

从郑和下西洋的历史记载中我们可以发现，经济方面的目的部分地实现了。郑和作为明朝的使者，每到一地，都代表明朝皇帝拜会当地国王或酋长，互赠礼物，向他们表示通商友好的诚意，同时还同各国商民交换货物及当地的珍稀物品。

政治方面，李长傅的《中国殖民史》称，朱棣派遣郑和下西洋为了"炫耀自我"。当时的明成祖有着很自我的优越感，他认为"普天之下，莫非王土；率土之滨，莫非王臣"，对于那些遥远的蛮夷之邦来说，能来大明天朝朝贡，见识一下上邦的风范，应该是一种难得的恩宠。而梁启超在《祖国大航海家——郑和传》中说，明成祖利用郑和下西洋扬名海外，其实只不过是"自我陶醉"罢了。梁启超之言真可谓一针见血。

二是寻找在"靖难之役"中消失的建文帝。原来，一代帝王永乐帝是通过发动政变、夺取侄子建文帝的皇位，从而黄袍加身的。而在政变中失败的建文帝却不见了踪迹。《明史·恭闵帝本纪》中说，朱棣在攻入南京金川门的当天，"宫中火起，帝不知所终"。

就是这一场奇异的大火使建文帝的行踪成了千古谜团，他是蹈火自焚，还是趁乱逃遁了呢？

这些疑问让登上皇位的朱棣坐卧不宁。

据《明太宗实录》记载，当燕王朱棣的人马杀入宫中时，建文皇帝已经没了踪影。经过几天搜查，最后燕王的士兵从灰烬中找到了建文帝的尸体，尸体已经满身焦烂、四肢不全。这具已被烧焦的尸体真的是建文帝吗？恐怕就连当时的朱棣也不敢确定，他一直怀疑自己的侄子还活在世间，这对他而言，是潜在的最大威胁，毕竟自己的帝位来的见不得天日。而更让他如坐针毡的是随着建文帝消失的还有王朝的玉玺。据《明实录》披露在朱棣"六月夺嫡"攻下紫禁城后，这块玉玺就未曾现身。

于是，朱棣就广派人手，四处打探建文帝流落的行踪。不久朱棣就收到了一条信息，在宫中大火后，曾有两位僧人，踏上一艘阿拉伯的商船出海。建文帝难道已经被迫逃往国外求生了吗？在茫茫沧海中，他要去哪里？于是，作为朱棣的心腹和亲信，郑和就被派往海外寻找建文帝了。这就是《明史·郑和传》中记载的"成祖疑惠帝亡海外，欲踪迹人……命和及其侪王景弘等，通使西洋"。

那么建文帝又是如何从混乱的皇宫中逃脱的呢？据《明史·纪事本末》中记载，当燕王朱棣兵临南京时，建文帝在紧急时刻打开祖父遗留给他的锦盒，在里面装有袈裟、剃刀和僧人的度牒。于是，建文帝和几个忠心的大臣打扮成和尚模样，根据里面的指引，通过密道逃到了宫外的神乐观。这条密道也曾出现在《明史考证》中："宫中阴沟，直通土城之外，高丈二，阔八尺，足行一人一马，备临祸潜出，可谓深思熟虑矣。"

三是郑和每下西洋，都肩负着不同的任务和使命。尚钺的《中国历史纲要》认为，永乐三年（公元1405年），郑和远渡重洋是为了联络外邦共同对付侵犯明朝的帖木儿帝国。而后6次则是为了开辟一条新航海路线，与国外进行贸易往来。郑鹤声、郑一均在《郑和下西洋简论》中认为，郑和前3次下西洋，是为了同亚非三百多个国家结盟，顺便打听建文帝的下落，后4次则是为了扬大明国威。

无论郑和出于何种目的远渡重洋，他都是在尽心竭力地执行明成祖的旨意，然而在他身后却也留下了难言的惆怅。

由于郑和的连续下西洋耗费巨大，国库入不敷出，朝堂之上弥漫着一种反对的气氛。而朱棣对付反对者的方法却是令大臣当众脱衣服廷杖。所以，郑和身上的悲剧色彩是早就注定的，并随着明成祖的驾崩而显现。只能说郑和下西洋的创举是特定时空中的一颗流星，在一闪而逝的璀璨中只有内心的彷徨和失落。其实，郑和下西洋本来能够为日渐封闭的明王朝带来几许新鲜的气息，但是由于各种因素的掺杂，最后演变成了群臣口中一场展现天朝上邦虚荣的闹剧。更为离奇的是，郑和下西洋的档案——《郑和出使水程》也不翼而飞了。

据《殊域周咨录》记载，郑和下西洋的档案原存兵部。在明宪宗成化年间，皇上下诏命兵部查三保旧档案，兵部的官员查了三天都未能查到，其中就包括《郑和出使水程》。原来，这部档案已被车驾郎中刘大夏事先藏存了起来，他的解释是："三次下西洋，费钱几十万，军民死者万计，就算取得珍宝有什么益处？旧档案虽在，也当销毁，怎么还来追问？"《郑和出使水程》中包括大量原始资料，如皇帝敕书及郑和船队的编制、名单、航海日志、账目等，本来应该作为研究郑和的重要史料，但却未能流传下来。至于是不是为刘大夏所毁，到现在也是一个未解之谜。

更让后世难以理解的是，在郑和下西洋的同时，明王朝却逐渐关上了海上贸易的大门，海上的私人贸易被严令禁止。据说这样做的目的是为了防止海盗与沿海渔民勾结、扰乱稳定。到了清代，闭关锁国的"海禁"政策更是发展到民间片帆不许出海的地步。我们不能不感叹，创建航海史上伟大功绩的郑和和那个朝代都已渐渐远去了。当明王朝远航的船桨折断在禁令之中，那些古老的航海传统、先进的远航技艺都将消失在历史的风云和传奇中，这也许才是郑和身后最大的惆怅和悲剧吧。

清朝龙脉之四大谜团

故宫，原名盛京宫阙，后称奉天行宫，是满清入关挪位置之前的皇宫，也是爱新觉罗氏的龙兴之地。三百多年前，清朝的开创者就是在这里，迈出了他们入主中原的第一步。由于史料缺失，沈阳故宫仍然有许多待解谜团。为此，专家们各持己见，众说纷纭。

谜团之一，罕王仓促迁都只为保江山龙脉？

公元1621年，努尔哈赤率领八旗大军以锐不可当之势挺进辽东，并将都城从赫图阿拉迁至辽东重镇辽阳，大兴土木，修筑宫室。然而，出人意料的是，1625年农历三月初三早朝

△ 努尔哈赤

时，努尔哈赤突然召集众臣和贝勒议事，提出要迁都盛京（今沈阳），诸亲王、臣子当即强烈反对，但努尔哈赤坚持自己的主张。

努尔哈赤为何如此"仓促迁都"？民间一直流传：努尔哈赤深信"传统风水"，按照风水先生的指点，他在当时的东京城西南角修建娘娘庙；在东门里修建弥陀寺；在风岭山下修建千佛寺，想用三座寺庙把神龙压住，以保龙脉王气。但是，三座庙宇只压住了龙头、龙爪和龙尾，城里的龙脊梁并没被压住。

于是，龙一拱腰，就要飞腾而去，一直向北飞到浑河北岸。努尔哈赤认为龙是奉天旨意，命他在龙潜之地再修造城池，于是，一座新城便拔地而起，并将此城命名为"奉天"。又因为浑河古称为沈水，而河的北岸为阳（风水中有关阴阳的规定为：山的南面为阳、北面为阴，水的南边为阴、北边为阳），所以又称"沈阳"。

当然，传说似乎过于神奇，但国家清史编纂委员会委员李治亭教授和沈阳故宫博物院研究室主任佟悦表示，中国历来建都建城，风水都是放在首位的。沈阳在浑河之阳，上通辽河，辽河又通大海，可谓是一块"风水宝地"。但是两位专家同时又指出，努尔哈赤迁都沈阳，更主要的目的应该是出于战略进取上的考虑。

首先，沈阳乃四通八达之处，其地理位置对当时的满族而言非常有利，北征蒙古，西征明朝，南征朝鲜，进退自如。

其次，原先的都城辽阳由于满汉混杂，人口众多，民族矛盾冲突严重，而沈阳当时还只是个中等城市，人口少，便于管理，这样可以避免满汉矛盾的激化。

谜团之二，沈阳故宫究竟何年开始建造？

由于史料中没有任何明文记载，沈阳故宫究竟何年开始建造，一直是历史上的一大悬案，也是历史学家们争论的一个焦点。

沈阳故宫博物院研究室主任佟悦说："这可能是因为修建皇宫是件劳民伤财的举动，清代统治者认为不值得提倡，而且修建宫殿本身也就是为皇帝建个家，没必要将具体建造年份写进史书。"

然而几年前，鞍山市文物站的一位工作人员，在当地发现了一本《侯氏宗谱》，其中关于修建辽阳东京城和沈阳盛京城的记载非常详细。

据《侯氏宗谱》载，负责为沈阳故宫烧制琉璃瓦的侯振举家族是"于天命九年间迁至沈阳，复创作宫殿龙楼凤阙以及三陵各工等用"。有专家据此推断，沈阳故宫应该是在天命九年，也就是1624年开始建造的。但佟悦却不赞同这一说法，他认为，《侯氏宗谱》中所说的"天命九年"指的是侯振举一家迁居沈阳的时间，而不是说侯振举搬到沈阳后就立即开始建造故宫。

佟悦认为，沈阳故宫应该是从1625年开始建造的，理由有二：首先，1624年，东京城还没有建好，许多贝勒、大臣都还在忙着建自己的住所，努尔哈赤在没有下达迁都命令之前，不可能在沈阳建造故宫；其次，努尔哈赤居住在位于城北的罕王宫，而不是故宫里。如果沈阳故宫1624年就开始修建的话，那么努尔哈赤为什么不住在故宫里反而要在故宫城旁居住？

谜团之三，谁是沈阳故宫的"总工程师"？

△ 沈阳故宫

这些清代宫殿建筑到底是谁设计的，又是由谁建造的？这一次，同样是《侯氏宗谱》掀开了谜团的冰山一角。宗谱中记录了这么一段文字："大清高皇帝兴师吊伐以得辽阳，即建都东京，于天命七年修造八角金殿，需用琉璃龙砖彩瓦，即命余曾祖振举公董督其事，特授夫千总之职。后于天命九年间迁至沈阳，复创作宫殿龙楼凤阙以及三陵各工等用，又赐予壮丁六百余名以应运夫差役驱使之用也。余曾祖公竭力报效，大工于是乎兴。选择17名匠役，皆竭力报效……"

佟悦认为，这段文字说明，侯振举这个人与沈阳皇宫的营造关系很大。从以上文字可以判断，侯振举应该是建造故宫的负责人之一，但是考虑到沈阳故宫中有许多建筑是满蒙风格，侯振举作为一个汉人，不可能设计出来，所以除了侯振举之外，应该还有其他的设计者和建造者。

对此，也有人提出了不同意见。有的专家认为，侯振举只是"烧制琉璃瓦的管窑人"，而不是沈阳故宫的"工程师"，因为侯振举是从海城迁至沈阳的，根据《海城县志》载："城东南三十五里，在岩山山麓有黄瓦窑，制黄琉璃瓦。清时工部派五品官监制黄瓦，以备陵寝宫殿之用。"其卷2《民族》中有这样的记载："侯氏，原籍山西明福县，后徙本境。清初隶汉军旗，世袭盛京五品官，监制黄瓦，族繁户众，世居城东南析木城。"该县志又在《重修缸窑岭伯灵庙碑记并序》中说："清初修理陵寝宫殿，需用龙砖彩瓦，因赏侯振举盛京工部五品官……"所以，究竟是几个人一同修筑了这座清代宫殿，还是由某位大师具体设计，这个问题也一直是未解之谜。

谜团之四，努尔哈赤是否修建了部分故宫？

努尔哈赤在位期间，是否只修建了部分故宫？这在史学界同样存在很大争议。有的专家认为，努尔哈赤在沈阳时一直都居住在故宫北门旁边，而不是居住在沈阳故宫里，这说明当时故宫肯定还没建完。而且建造宫殿是一项耗资巨大的工程，前期准备工作纷繁复杂，而努尔哈赤率部迁都沈阳18个月后便猝然离世。在这么短时间里，根本没有足够时间能将复杂的宫殿建造得如此之快。

而有的专家则认为，一年半的时间也不算太短，在辽阳城建造宫殿时也只用了两年多的时间，努尔哈赤在位期间完全有时间修建宫殿。而根据史料最早记载，1627年正月初一，皇太极在大政殿举行典礼仪式。按照沈阳的天气，说明大政殿在1626年10月之前就应该完工。也就是说，在努尔哈赤时期，大政殿和与之成组的建筑在当时应该已经建好了。

中国明十三陵中的无字碑之谜

明十三陵有一个怪现象，这就是除思陵外，明十三陵中的其他十二陵虽然都是明朝时建造的，但是每座陵都有一座当时没有镌刻文字的石碑，人们称之为"无字碑"。

这些石碑为什么当时不刻文字呢？历史文献没有详细记载其原因。清朝乾隆皇帝觉得此事蹊跷，在他御制的《哀明陵三十韵》中提出了疑问。他说："明诸陵，唯长陵有圣德神功碑文，余俱有碑无字。检查诸书，唯徐干学《读礼通考》载，唐陵有大碑，无一字，不知何谓？而明诸陵效之，竟以为例，实不可解也。"

其实，乾隆皇帝没有注意到，不仅十三陵中，献、景、裕、茂、泰、康、永、昭、定、庆、德十一陵有无字的神功圣德碑，长陵院内的一座圣绩碑也是没有字的。而且，各陵无字碑的形成原因也并非是不解之谜。

仔细分析，我们会发现，各陵无字碑的形成是有不同原因的。献、景、裕、茂、泰、康六陵陵前原来没有神功圣德碑及碑亭，长陵第一进院落内也没有圣绩碑及碑亭。1537年7月，世宗召大学士夏言等面谕："前在陵工曾谕卿，独

△ 明十三陵中的无字碑

长陵有功德碑而六陵未有，无以彰显功德，今宜增立，示所司行。"但是，只为六陵增建神功圣德碑，世宗觉得还没有完全展示出他这位出生于兴王世子、帝系旁支的帝王对祖先的尊崇和孝思心理，下令在长陵陵宫内为成祖修建了圣绩碑亭及石碑。

竖碑的目的自然是为了彰显功德，彰显功德自然要通过对功德的陈述文字来表达。所以1542年5月，六陵碑亭及长陵这座碑亭刚刚落成，礼部尚书严嵩就上奏说："查得成祖文皇帝圣德神功碑文乃仁宗昭皇帝御撰，今长陵等陵碑文，伏请皇上亲御宸翰制文，镌石以记述列圣功德，垂示于万历世。"严嵩的请求是符合明代帝陵碑文撰写原则的。因为，早在朱元璋撰写皇陵碑文时就说过"皇陵碑记，皆儒臣粉饰之文，恐不足为后世子孙戒"，所以，他废掉了1369年翰林学士危素撰写的皇陵碑文，于1378年4月"亲制文，命江阴侯吴良督工刻之"。此后诸帝以此为定制，成祖朱棣撰写了孝陵神功圣德碑文，仁宗朱高炽撰写了长陵神功圣德碑文，帝陵功德碑文出自嗣帝之笔便成了明朝后世帝王遵守的定则。基于这个原因，世宗将兴献王坟升格为显陵，在显陵前建造睿功圣德碑亭，其睿功圣德碑的碑文就是世宗亲自撰写的。

世宗皇帝既然为父陵撰写了睿功圣德碑文，则新建的长、献、景、裕、茂、泰、康七陵碑文自然也应该由世宗撰写。但奇怪的是，碑文一事却始终不见下文，各碑竟都成了"无字碑"。

有人推测，这是因为世宗认为碑上无字，可以表示祖先功德无量。也有人认为，世宗迷信道教，庄老之学的"无为而治"导致了世宗认为无字之碑较之有字之碑在等级上更高一筹，是更高、更伟大的意境表现。

显然，这些推理是站不住脚的。因为，世宗如果那样以为，为什么不在显陵前面也立一通无字碑呢？又何必劳心费力撰写碑文，而使父陵石碑降下一等呢？

那么，会不会世宗原来就想在七陵分别立个无字陵，无字碑的竖立，只是取"彰显功德"的象征意义呢？其实，这种可能性也不存在。因为，如果是这样，严嵩就不会奏请世宗撰写七陵碑文了。而且，这种"彰显功德"的方式，如果说对长陵以外其余六陵尚可敷衍的话，那么，对长陵来说便是毫无意义了。因为，长陵早已立有神功圣德碑，而且碑上是有文字的。

显然，七陵碑没有文字的结果并不符合世宗立碑的初衷。那么，合理的解释只能是世宗立碑本意是要刻字的，但后因碑文的撰写存在着难以解决的问题，才不得不搁笔不写。那么，对世宗来说，撰写七陵列圣碑文难在哪里呢？

首先，是难在仁宗撰写的长陵神功圣德碑文早已赫然镌刻在长陵神道上的神功圣德碑上，且文长3000余字，将明成祖一生的"功德"推崇到了极点。世宗要撰写出在颂词的水平上超出仁宗的碑文来实在是太难了。而且，新立一碑，文字、文意都要有新的创意，否则后世如何看待这一碑文呢？

其次，世宗要撰写七陵碑文遇到的另一个难题，就是世宗对献、景、裕、茂等陵的墓主情况缺少生动而有感受的资料。虽然，宫中有诸皇帝的《实录》，也有奏章档案材料，但是要在堆积如山的案卷中查阅，皇帝为一国之君，哪有这个时间？况且《实录》系儒臣编纂，御制碑文反以儒臣之文为据，这是否也有"不足为后世子孙戒"之嫌呢？况且，各帝政绩不一，仁、宣二宗政绩明显，为其撰文，可以大抒一番。而英宗则先是宠宦官，丧师土木堡，被瓦剌俘虏，丢尽颜面，后则兄弟反目成仇，发动政变。为这样的皇帝撰文，不仅难以找出真正的"功德"去彰显，而且还要在文字上做些手脚，"为尊者讳"。所有这一切，不能不说是困扰世宗撰写碑文的又一难题。

故此，七陵碑文，世宗由想写而未写，确有其不得不如此的原因。既然七陵石碑都是无字的，后来的永、昭、定、庆、德五陵遂沿用以为制，均在陵前建造了无字的神功圣德碑和碑亭，也就造成了明朝十三陵中的十二陵均为"无字碑"。

康熙"微服私访"的真相

看过电视剧《康熙微服私访记》的观众，很可能会产生这样的疑问：历史上的康熙皇帝（爱新觉罗·玄烨）果真如此吗？事实上，康熙皇帝作为专制君主，是不可能深入民间接近群众的，他的微服私访故事于史无证，不过属于后世的戏说而已。

一、六次南巡，体察民情

虽然康熙皇帝未必有过微服私访，但他确实是中国历史上到地方上巡察社会与了解民情最多的皇帝之一。康熙皇帝最有代表性的巡视是6次南巡。南巡的主要目的是为了解决"黄淮冲决为患"的问题，亲历河道，寻求治河方案，考察治河工程；同时周知吏治，观览民情。南巡主要走水路运河，御舟自京而下，途径直隶（今河北）、山东、江浙，最远到达苏杭。

△ 康熙

康熙皇帝十分注意巡幸尽量避免骚扰百姓。他要求凡巡幸一切需用之物，皆从节俭，巡幸需用草豆木炭食物，概勿令地方官派取民间，扰害百姓，由衙门照时价采买供给。巡幸时常带负责监察的科道官，稽查强行买卖扰害百姓者，要求地方文武大小官员不许与扈从官员以戚友送礼，对于馈送收受人员，"以军法从事"，其扈从大小官员及随往仆役，如有横行生事扰民者，一并从重治罪。还到处张贴安民告示，声明发现地方官私征，定行从重治罪。要求凡经过地方，百姓须各安生业，照常生活，不得迁移远避，反滋扰累。

康熙皇帝巡视也注意减少随从人员，轻装南下，巡视堤堰，沿途皆设营幄，不御屋庐。康熙皇帝说自己"便道至浙江观风问俗，简约仪从，卤簿不设，扈从者仅三百余人"，据此可知他的巡视队伍规模。巡幸驻跸之处，据说也未有超过3日的，担心扈从人众，恐多留一日即滋百姓一日之扰。可见他注意节制，尽量少给百姓找麻烦。

二、视察各地，蠲免钱粮

康熙皇帝认为："百姓足则国家充裕，若期比屋丰盈，必以蠲租减赋，除其杂派为先。"同时他为了减轻巡幸沿途百姓的负担，经常蠲免沿途地区的地丁钱粮。如第二次南巡，将江南全省积年民欠一应地丁钱粮、屯粱芦课、米麦豆杂税220余万两概与蠲除。1699年他第三次南巡，看见淮扬一路既困潦灾，所过州县耕获、市场不及以前第一久和第二次南巡时，认为："此皆由地方有司奉行不善，不能使实惠及民，"因此"亟思拯恤，截留漕粮，宽免积欠"，采取切实措施减轻百姓负担。他也认识到，蠲免钱粮原为百姓小民，然而田亩多归缙绅豪富之家，小民所获甚微，无田穷民未必均沾实惠，约计人民有恒业者十之三四，余皆赁地出租，所余之粮仅能度日。于是要求地主也要给佃户适当免收地租，调整主佃及其与国家的关系。

由于康熙皇帝大量蠲免钱粮，民间有建立碑亭称颂的，康熙皇帝担心此举各地仿效，未免致损民力，下令停止建造。1705年南巡驻跸苏州府城内，正逢生日万寿节，官民奏进各种食物。康熙皇帝以"因阅视河工，巡访风俗而来，非为诞辰也"，谢绝礼物。

此外，清朝常有百姓拦截官舆告状之事发生，皇帝的舆轿被拦阻，势必影响巡视进展，也不利于安全。于是还严禁"军民怀奸挟诈，希逞私愤，倘有妄控，除所告事不与准理外，仍严加治罪。"从这一点看，康熙皇帝是不会喜欢进行微服私访的。

但是，康熙皇帝巡幸也不是不见百姓。他到了扬州一带，因不严警跸，百姓男女老幼奔走杂沓，瞻望恐后，高岸水次，甚至有倾跌之虞。于是要求百姓："止予夹道跪迎，毋得紊乱追趋，致有诸患。"康熙皇帝巡视山东时，所经城邑百姓扶老携幼，夹道欢迎，康熙皇帝询问道路旁的百姓收成情况，得知"连岁顺成，民生稍得安业"。一般来说，南巡多由舟行，官民群集两岸迎驾，由陆路西巡，经过郡邑官民无不扶老携幼，欢腾道旁。康熙皇帝令在乘舆左右备咨地方利弊，据说大家都畅所欲言。康熙皇帝曾巡幸至德州，见有一二灾民流移道路，于是询问疾苦，表示关心。

康熙皇帝以频繁的巡视地方，关心民生，处理政务，给人们留下了"勤政爱民"的良好形象，为以后的皇帝树立了榜样。人们打他的主意，编出微服私访的故事，也算是事出有因吧。

太平天国"八股"取士之谜

近代农民革命政权太平天国建立之后，除旧布新，横扫封建旧制，唯独保留了科举制度，并贯彻于政权始终，成为一个重要的政治措施，对太平天国的发展起了重要作用。然而，太平天国科举考试从何时开始，却说法不一。

一说始于初入武昌期间。清末革命党人刘成禺在《太平天国战史》一书中提出此说。他认为：在太平军初次攻克武昌期间，即咸丰二年（1851年）12月4日至次年正月初二日，天王洪秀全和东王杨秀清曾共同主持过一次会试。其主要依据是太平天国"举人""黄冈刘鹏"的口碑资料。但是，据《贼情汇纂》记载，西征军再次攻克武昌期间，确曾举行乡试，而非会议；《世载堂杂忆》又载，刘鹏所言是"太平军占领武昌，开科取仕"，并无"初入"之意；再者，太平军初入武昌期间，为时甚短，尚且革命未果，形势紧迫，哪容安下心来开科取仕？可见，"初入武昌"之说是不能成立的。

二说始于辛开元年在广西永安州时。此说是太平天国史专家罗尔纲先生提出的。罗尔纲在他的《太平天国史稿》（1951年初版）中认为太平天国定都天京后，才开科取仕的，后来看到清朝钦差大臣赛尚阿的机要幕僚丁守存的《从军日记》，日记中记他随赛入永安州城见州署外贴有许多诏旨谕告，其中有关于"万寿诗联考取名次榜"之语；又据洪秀全生在十二月初十日推算出太平天国举行万寿诗朕考试的时间是在辛开元年十二月初十日。于是在1954年重写《史稿》时，改变了过去的说法，指出："太平天国举行考试，始自辛开元年（1851年）在广西永安州时，当时一榜录取了40人，第一名便是南王冯云山，主考官当然就是天王了。"

三说始于定都天京之初。徐川一同志在《安徽史学》（1984年第1期）

上发表了《太平天国的科举考试"始自辛开元年在广西永安州时"吗？》一文，对这个观点进行了论证。他认为，"太平天国举行考试，始自辛开元年在广西永安州时"的说法，"不仅误解了有关史料，而且也忽视了对太平军在永安后期所处环境的分析"。应当说，罗老原先的说法，即太平天国的科举考试是始自癸好三年定都天京之初的说法是正确的。因为"说太平天国科举考试始自癸好三年定都天京之初，本证、旁证俱在"。《钦定士阶条例序》即说太平天国"自癸好开科"。《贼情汇纂》言"贼之于癸丑岁开科江宁"；佚名《平贼纪略》也有太平天国"举伪试，取伪科，癸丑至壬戌十年"的记载；再者，太平天国定都之后，建立了政权，局势相对稳定，举行开科取仕不仅需要，而且可能。那么，太平天国的首试究竟是何时呢？过去一直认为1853年的"东试"（即以东王杨秀清生日为试期举行的会试）是为首试。对此，徐川一同志经过一番考证，指出此说虽有史料根据，但却颇多可疑之处。认为其首试当是1853年旧历六月举行的"北试"（即以北王韦昌辉生日为试期举行的会试）。其依据主要是《金陵省难纪略》中有当时曾在天京的张汝南的一段话，其中叙述了这次"北试"的具体情况，但未说明这次"北试"的确切日期，而这一点又为《忆昭楼时事汇编》所辑清方探报中的两件信函所补充。于是得出太平天国科举考试"始自定都天京之初，始自一八五三年旧历六月的'北试'"的结论。

到底孰是孰非，至今也没有定论，关键是缺乏一些有说服力的史料为证。

历史上真有"焚书坑儒"吗

秦始皇是中国历史上一位伟大的帝王，他的雄才大略、非凡功绩难以让后人超越。他调动百万军马，"振长策而御宇内，吞二周而亡诸侯，履至尊而制六合，执敲朴而鞭笞天下"（引自贾谊《过秦论》），完成了四海统一的伟大使命；他"乃使蒙恬北筑长城而守藩篱，却匈奴七百余里。胡人不敢南下而牧马，士不敢弯弓而报怨"，建立了中国历史上空前辽阔的统一多民族国家；他统一文字，统一度量衡，统一货币，极大地促进了经济的繁荣、文化的发展。但其也有过，他"废先王之道，焚百家之言"，制造了历史惨剧；他"堕名城，杀豪杰。收天下之兵，聚之咸阳"，铸成十二金人，以此来削弱民众的力量；他还"刚毅戾深，乐以刑杀为威，专任狱吏而亲幸之，海内愁困无聊"（引自陈登原《国史旧闻》），所以有人称其为暴君。

在清人杨廷烈著的《房县志》中还有一个小传说：有人发现一种全身长毛的"毛人"，据说他们的祖先是秦始皇修长城时征用的农夫，因为无法忍受劳役的痛苦和秦始皇的残酷手段，就跑到深山老林里躲了起来，久而久之，就出现了返祖现象，浑身上下长出了毛。传说当有人见到"毛人"时，他先会问你："长城筑完乎？秦皇安在乎？"只要你回答"长城未筑完，始皇安在"，"毛人"就会吓得跑掉。当然，这只能视为一个民间传说，但它却反映了秦始皇统治的残酷和暴虐。

秦始皇统一天下之后，采取了一系列的措施来加强手中的权力。

在政治上，秦始皇采取了中央集权的政体，确定了皇帝不可侵犯的最高地位，皇帝之下设置三公九卿，并且直接对皇帝负责，地方则实行郡县制；在经济上，秦始皇发布命令"使黔首自实田"，确认土地私有制度，并按亩纳税，又下令统一货币、度量衡，加强了各地区的经济交流；在思想领域，秦始皇为了稳定民心、钳制人们的思想，他采纳了丞相李斯的建议："非博士官所职，天下敢有藏《诗》、《书》百家语者，悉诣守、尉杂烧之。"（引自司马迁《史记·秦始皇本纪》）也就是说在全国范围内，将《秦纪》以外的列国史、博士官以外私人藏有的《诗经》、《尚书》等儒家经典以及诸子著作，一律限期交官府销毁。

这把火烧得倒是轻松，但它不仅烧起了众人的不满，也烧起了后人对这一历史事件的愤愤不平，认为这一把火对中国的历史文化造成了不可挽回的损失，但也有人为秦始皇"平反"。在当时的历史环境下，春秋战国时期的"百家争鸣"虽然带来了思想文化的繁荣，但也造成了人们思想的混乱、政权的统一、经济的统一。如果没有民众思想的统一作为保障的话，这种统一只能是"空中楼阁"，秦始皇很清醒地认识到了这一点。"焚书"在一定程度上统一了民众的思想，使其形成了较为一致的价值观。另外，《剑桥中国秦汉史》曾讲道："在中国历史上，这次焚书绝不是有意识销毁文献唯一的一次，但它是最臭名昭著的一次……焚书所引起的实际损失，可能没有历来想象的那样严重。"这是因为中国的传统文化一直深深扎根于民众的心里，而不是仅仅被记录在纸上，一次焚书只能是对这种文化起到阻碍作用，很难起到毁灭性的打击。如果把这次焚书看成是对传统文化的毁灭，那么后来历史上经历的几次焚书，岂不是使得中国传统文化荡然无存了？

"坑儒"一事发生在"焚书"后的第二年，即公元前212年。据说这件事的导火线是几名方士的畏罪逃亡。

秦始皇登上宝座之后，一心想着能够长生不老、千秋万代地统治下去，他十分迷信方术和方术之士，认为术士能炼出长生不老之药，甚至宣称"吾慕真人，自谓'真人'，不称'朕'"，这下子，当然就有人会打点儿小算盘，投其所好。其中有两名方士叫做侯生、卢生，他们极力宣称自己可以与神灵相通，可以炼出长生不老药，以此混吃混喝。可是时间一长，他们就露馅了，种种许诺和奇谈总是起不到任何作用。秦法规定："不得兼方，不验，辄死。"所以，侯生、卢生为了保住性命只好密谋逃亡，在逃亡之前，他们还不忘宣扬一番，说秦始皇刚愎自用、暴戾成性，他们不愿意为这样的暴君求长生仙药。秦始皇怎能受得了这种气，大怒道："卢生等吾尊赐之甚厚，今乃诽谤我，是重吾不德也。诸生在咸阳者，吾使人廉问，或为妖言以乱黔首。"再加上当时有一些儒生对秦始皇心存不满，有人在民众中散布谣言，于是大量的儒生或是被拷问，或是被告发，悲惨的被活埋了。

但这只是一种传说，究竟有没有数百多名儒生被活埋？对于"坑儒"事件，史学界争议很大，《史记·儒林列传》上记载为："及至秦之季世，焚《诗》、《书》，坑术士，六艺从此缺焉。"《汉书》、《通鉴》等正史均记载为"坑术士"、"坑方术士"而并非"坑儒"。明朝学者于慎行对此有着精辟的论述："夫秦人之坑儒，以二方士故也……夫以二人之故，而坑诸生数百人，其说不可知。彼所谓诸生者，皆卢生之徒也，坑之诚不为过。其诵法孔子者，与方士何与？而尽坑之！也不核实，以之坑杀儒士，彼卢生岂儒士耶？"

"坑儒"之说始于汉武帝时期，而且多见于野史。那时汉武帝正在推行"罢黜百家，独尊儒术"之策，"坑儒"之说可能是为了煽动人数众多的儒生的感情、迎合汉武帝而篡改的。

岳飞遗骨埋葬何处

　　岳飞，字鹏举，相州汤阴（今属河南）人，是南宋时期的军事家。岳飞少年时勤奋好学，爱读《左氏春秋》、《孙吴兵法》，并练就一身好武艺，19岁时投军抗辽。首次从军后，岳飞任小队长，表现了非凡的军事指挥才能，他带兵连战连捷，因为立功被授予承信郎。但是不久，岳飞的父亲病故，岳飞退伍回家守孝。公元1126年，金兵大举入侵中原，岳飞再次投军，开始了他抗击金军的生涯，保家卫国的戎马生涯。传说岳飞临走时，其母姚氏在他背上刺了"精忠报国"四个大字，以此勉励岳飞，这成为岳飞终生遵奉的信条。

　　岳飞投军后，很快因作战勇敢升秉义郎，这时宋都开封被金军围困，岳飞随副元帅宗泽前去救援，岳飞英勇善战，多次打败金军，受到宗泽的赏识，称赞他"智勇才艺，古良将不能过"。北宋王朝灭亡后，康王赵构在临安城建立了南宋。岳飞上书高宗，要求收复失地，被革职。岳飞于是投奔了河北都统张所，任中军统领，在太行山一带抗击金军，屡建战功，后来再次投奔东京留守宗泽，被封为武功郎。

　　岳飞升任军队将领后，仍然与士卒同甘共苦。宋高宗曾要在杭州为岳飞建住宅，岳飞辞谢说："还没有打败敌人，我怎么能考虑家庭私事呢？"有次岳飞带兵打仗，受到地方官招待。吃到"酸馅"这种在官员富商们看来很普通的食物时，惊叹道："竟然还有这么美味的食物。"便将自己的部分留起来，准备带回家与家人共享。岳飞的妻子李氏有一次穿了件绸衣，岳飞便说道："皇后与众王妃在北方（靖康之难时被金兵俘虏）过着艰苦的生活，你既然与我同甘共苦，就不要穿这么好的衣服了。"自此之后，李氏一生只穿布衣。除了自己俭朴淡泊、刻苦励志外，岳飞对子女教育也很严。他要求

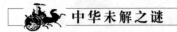

子女每天做完功课后，必须下地劳作，除非节日，不得饮酒。

岳飞在战争中身先士卒，军纪严明，"冻死不拆屋，饿死不掳掠"，屡创金军，因此金国的贵族感叹道："撼山易，撼岳家军难。"岳飞还首先提出"武将不怕死，文官不爱钱"，堪称封建社会官吏的行为典范。公元1140年，岳飞率军北伐，与金军将领完颜兀术率领的重兵在郾城（今河南郾城）相遇，岳飞大破完颜兀术的"拐子马"军阵，完颜兀术感叹说："自从故乡起兵，靠此制胜，今竟如此。"金军退守开封后，岳飞率兵追击至离开封四十里的朱仙镇。此时北方各地人民，纷纷起义，切断金军粮道，准备迎接南宋部队。完颜兀术束手无策，打算放弃黄河以南地区，退守燕京（今北京）。此时的皇帝赵构，害怕在岳飞的压力下前皇帝被释放回国，从而影响自己的皇帝宝座，再加上大臣秦桧在他的指使下，正与金朝谈判，于是下令岳飞率军撤退。在一天之内，赵构连续颁发了十二道命令，每道命令都用"金字牌"送达（金字牌送达的命令，驿马每天飞奔二百公里），使岳飞不能反抗。岳飞在接到第十二个金字牌时，他不能不退，否则就是叛变。他对拦在马前恳求不要撤退的民众垂着泪说："十年准备反攻，呕尽心血。而今一天之内，化为乌有。"回到开封后，赵构想起岳飞要接前皇帝回朝的话语后，仍感后怕，于是先任命岳飞为枢密副使，剥夺了岳飞的军权，接着又指使秦桧诬陷岳飞谋反，逮捕岳飞下狱。南宋将领韩世忠质问秦桧岳飞是不是真的谋反时，秦桧回答说："莫须有。"韩世忠叹息："'莫须有'三个字，怎么能服天下人心？"但是岳飞和他的儿子岳云及他的几位部将仍被处死。岳飞在狱中被处死后，张宪和岳云也被绑赴临安城的闹市众安桥处死。岳飞和张宪的家属则被流放到岭南和福建。赵构还亲自下旨规定，"多差得力人兵，防送前去，不得一并上路"，他们的"家业籍没入官"。张宪和岳云被害以后，后人在众安桥西的资福弄、枣木巷建有忠烈祠以祀二人。绍兴二十年，殿前司后军小校施全激于义愤，刺杀秦桧，可惜未成功，被分尸于众安桥。当地百姓怀念施全，在众安桥上修有施将军庙。

在岳飞无辜被害后，对岳飞一向仰慕的狱卒隗顺冒着生命危险将遗体连夜背出城外，偷埋在九曲丛祠旁。《朝野遗纪》记载为"狱卒隗顺负其尸出，逾城，至九曲丛祠中。故至今九曲王显庙尚灵。顺葬之北山之涘"。为了日后辨识，隗顺又把岳飞身上佩带过的玉环系在其遗体腰下，还在坟前栽了两棵橘树。隗顺临死时对他的儿子说："以后朝廷给岳大人平反后，如果找不到他的遗骨，必定会悬赏来寻找，到时候你告诉官府：岳大人的棺材上有一个铅筒，上面有大理寺的勒字，那是我埋葬时所作的标记。"

岳飞遇害后人们一直要求为他平反昭雪，但赵构始终置之不理。到了宋孝宗即位，为了给太上皇保留体面，假称"仰承"高宗"圣意"，给岳飞恢复官爵与名誉，此时距岳飞遇害已21年了。隗顺的儿子把其父藏尸的真相告知官府，岳飞的遗骨才得以迁葬杭州西子湖畔栖霞岭，让后世之人得以凭吊。

在民间传说中，杭州众安桥下也曾被认为是岳飞遗骨所葬之处。此地是南宋临安城中比较繁华的地方，紧靠御街。公元1833年，杭州府司狱吴廷康。正式确定此地为岳飞葬地，且筹集大量银两，营建岳飞墓、岳飞庙，又刊印了《岳忠武王初瘗》，在当时影响颇大。但是，宋代众安桥一带南有北瓦，东有御街，北面则面临着钱塘路，都是繁华的街市，而且在众安桥西不远的地方，有军队驻守，如果有人在这里掩埋、植树、立碑，守军不可能不知道。再者，宋时的临安城远比现在的杭州城小，根据史料记载，隗顺背着岳飞的尸体"越城"而走，众安桥在城内，如果真是初葬在这里，就不存在越城的说法。因此，岳飞的遗骨埋葬在杭州西子湖畔栖霞岭的证据更为充足，也更为普遍地被人们接受。

岳飞墓几经修缮，现在的岳飞墓是公元1979年整修时按南宋建筑风格设计的，墓道两旁陈列的石虎、石羊、石马和石翁仲，是明代的遗物。墓阙下有四个铁铸人像，反剪双手，面墓而跪，即陷害岳飞的秦桧、王氏、张俊、万俟卨四人，跪像背后墓阙上有楹云："青山有幸埋忠骨，白铁无辜铸佞臣。"

在秦桧和他老婆的跪像前边，还有这么一副对联，是用秦桧夫妇互相埋怨、对骂的口气写的，很有意思：

唉！仆本丧心，有贤妻何至若是？

△ 岳飞

啐！妇虽长舌，非老贼不到今朝！

上联是秦桧的口气，意思是："唉！我本来就是个没人心的东西，可身边要是有个好媳妇，兴许也不至于没完没了地老在这儿跪着吧？"下联是用秦桧老婆的口气回答说："呸！虽说我是个长舌头女人，可要不是因为你这个老贼，我怎么会老陪你跪着挨人唾骂！"

除了岳飞墓，人们还在各地建立了岳王庙来纪念民族英雄岳飞，其中最有名的是杭州的岳王庙。岳飞死时只有39岁，是中国历史上最令人悲痛的冤狱受害者之一。

孔子长相之谜

　　孔子，名丘，字仲尼，春秋时期鲁国人，是我国伟大的思想家和教育家，儒家学派的创始人。他的祖先是宋国贵族，他出生时，家世已经没落。他曾说过："吾少也贱，故多能鄙事。"年轻时他曾做过管理仓廪和管放牧牛羊的小官。虽然生活贫苦，孔子却善于学习，他曾说："三人行，必有吾师焉。择其善者而从之，其不善者而改之。"

　　孔子30岁时，开始招收弟子传授学问。由于孔子的博学，一些贵族甚至也前来学习，使得孔子闻名遐迩。孔子热衷于从事政治活动，他自二十一多岁起，就非常关注天下大事，也经常思考治理国家的诸多问题。鲁昭公二十年，鲁国发生内乱，孔子也离开鲁国，到了齐国。刚开始时，他受到了齐景公的赏识和厚待，但后来却受到齐国贵族的排挤，最后只好仓皇逃回鲁国。

　　孔子51岁时，出任鲁国的中都宰，也就是中都县长。他任职很有政绩，据《史记·孔子世家》记载：孔子在中都治理一年，"四方则之"，也就是周围各地都效法中都。由于孔子当时的声望已经很高，做中都宰时政绩又好，所以很快就被提升为鲁国的小司空。不久，他又由小司空升任大司寇，大司寇主管刑狱，从而进入了鲁国的最高统治阶层。孔子参与国政仅仅三个月，鲁国的风俗就大大变了样。他的成就使齐景公感到害怕，于是齐景公特地挑了80个美貌的女子，让她们穿上华丽的衣服，教她们学会舞蹈，加上120匹骏马，一起送给贪图享乐的鲁定公，以腐蚀他的意志。这一招果然奏效，鲁定公整天沉湎于歌舞淫乐之中，不再过问政事了，孔子对鲁定公非常失望。不久鲁国举行郊祭，祭祀后按惯例送祭肉给大夫们时并没有送给孔子，这表明鲁定公不想再任用他了。孔子在不得已的情况下离开鲁国，到外国去寻找出路，开始了周游列国的旅程。

孔子周游的目的：一是为了寻求做官的机会，以便有机会治理国家；二是向各国统治者竭力宣传自己的政治主张。但是，他却到处碰壁，既没有做官，他的政治主张也未被采纳。公元前484年，68岁的孔子回到鲁国。从此，致力于文化教育事业，整理《诗》、《书》等古籍，并删改《春秋》。相传孔子一生收徒3000人。其中，精通礼、乐、射、御、书、数"六艺"的有72人。孔子73岁时，因病而卒。

孔子所创立的儒家学说从汉武帝开始，便登上了"独尊"地位。从那时起，儒家学说开始和封建专制融为一体，为历代王朝所尊崇和利用。人们不断丰富它、完善它、发展它，使儒学成为一门包容哲学、伦理学等诸学科的综合性学说，对民族性格和民族心理的形成起到了重大作用。儒家学说渗透到社会各个层次、各个领域，不仅影响了中国两千多年，而且它的辐射影响远及朝鲜、日本、东南亚诸国等。

孔夫子到底长什么样子？这是千百年来研究儒学的专家以及爱戴孔夫子的人们关心的问题。孔子距离我们两千多年了，今天人们见到的孔子形象，都是由后世想象而来。实际上，在孔子去世后近300年时间里，他一直保持着布衣学者的身份，直到公元前195年，汉高祖刘邦到山东时祭祀孔子，并封孔子九代孙孔腾为"奉祀君"。后来，汉武帝刘彻"罢黜百家，独尊儒术"，孔子的地位越来越高，历代帝王纷纷对孔子及其子孙加封加号，各种孔子的画像才纷纷出现。那么，真实的孔子长得什么样子呢？

为《史记》作索引的司马贞描述说，孔子脑袋的形状好像倒过来的屋顶，中间低，四周高，因此孔子也叫孔丘。实际上，孔子之所以叫孔丘，还有一种说法是他的父母为了生个儿子，在尼丘祷告，因此生下他后，便取名为丘，取字为尼，又因排行第二，叫仲尼。有关孔子的身高，司马迁的《孔子世家》里，称"孔子长九尺有六寸，人皆谓之'长人'而异之"。按西汉尺23.1厘米计算，是2米21。在平均身材不高的古代，孔子如果长得如此伟岸，在他死后，他的弟子子贡、宰予等肯定不会忽略这个足以显示"圣人"高大形象的数据，在他们的言论中会有提及。

《春秋演孔图》说："孔子长十尺，海口尼首方面，龙颡斗唇，昌颜均颐，辅喉骈齿，龙形龟脊虎掌，胼肩修肱参膺，圩顶山脐林背，翼臂汪头阜讯，堤眉地足，谷窍雷声。泽腹修上趋下，末偻后耳，面如蒙共，手垂过膝，耳垂珠庭，眉十二采，目六十四理，立如凤崎，坐如龙蹲，手握天文，足履度宇，望之如林，就之如升。腰大十围，胸应矩，舌理七重，钧文在掌。胸文曰：‘制作定世符运’。”东汉的王充在《论衡》里说：“黄帝龙颜，颛顼戴午，帝喾骈齿，尧眉八采，舜目重瞳，禹耳三漏，汤臂再肘，文王四乳，武王望阳，周公背偻，皋陶马口，孔子反羽。”意思是黄帝长得像龙，颛顼的头上长角，喾的牙齿连成一片，尧的眉毛有八种颜色，舜的眼睛有双瞳。禹的耳朵有三个孔，汤的胳膊上有两肘，周文王有四个乳房，周武王眼高可以看见头顶上的太阳，周公旦是驼背，皋陶的嘴像马，孔子圩顶（头顶凹陷）。其他如《孝经钩命诀》、《孝经援神契》、《白虎通》、《荀子》等都有类似描述。

实际上，孔子并没有如此伟岸。顾颉刚先生在《春秋时代的孔子和汉代的孔子》一文中就澄清了这个事实：“到了汉朝，真是闹得不成样子了。我们只要把纬书翻出一看，真是笑歪了嘴。他们说，孔子身长九尺有六寸，人皆称他为长人。……”孔子“长九尺有六寸”大概是汉初一些儒生们臆想的“杰作”。司马迁撰《孔子世家》，却还是采信了“身长九尺六寸”之说。于是，纬书里的臆语，转换成了史籍中的正言。

孔府档案中有一份描述孔子形象的材料，还说到了孔子的腰围："先圣身长九尺六寸，腰大十围。"所谓"围"，《辞海》如是解释："计量圆周的约略单位，即两手的拇指和食指合拢的长度，亦指两臂合抱的长度。"按照这种标准，"十围"是三米了，这显然是不可能的。

关于孔子的长相，司马迁在《史记·孔子世家》中还曾有一段记载：有一次，孔子带着弟子去郑国，却和弟子走散了。孔子一个人呆呆地站在城东门口，一副失魂落魄的样子。郑国人看见了，就对寻找老师的子贡说："东门那里站着一个人，他的额头像唐尧，后颈像皋陶，肩膀像子产。可是腰以下比禹短了三寸，落魄得像个丧家狗。"当子贡把这话转告给孔子后，他对前面什么类同古代圣人长相的说法表示谦虚不受，但对"丧家之犬"的说法

△ 孔子

却欣然受之，并连声称赞："说得真像啊，真像啊！"

　　中国古代画像中的孔子也在不断实现着身份的转变。汉画像石中所出现的孔子，多半是一位学者形象。流传最为广泛的版本，是唐朝吴道子所绘《孔子行教像》。这幅画中的孔子宽衣博带，不着官服，拱手站立，面目慈祥。至顾恺之所画《孔子为鲁司寇像》中，孔子着官服、戴官帽，一副官员气派，体现了孔子较高的政治地位，但也是面容和蔼，一副"为政以德"之态。自宋元以后，孔子相继被谥为"至圣文宣王"、"大成至圣文宣王"，其服饰便由公侯制进到帝王制。

　　孔子的长相到底如何，在历史上有多种版本，既有栩栩如生的民间传说，也有言之凿凿的历史记载，而在古今中外流传的孔子画像更是形态各异。其实这些并不重要，重要的是孔子创立的儒家学说影响着一代又一代中国人。

初唐诗人骆宾王下落之谜

　　7岁能诗、有神童之誉的骆宾王，是初唐诗坛四杰之一。他一生书剑飘零，沉沦下僚，为人作幕。

　　骆宾王在唐高宗仪凤四年，升任侍御史，后因向武则天上书议事，被诬下狱。获释后改任临海（今属浙江）丞，所以后人亦称他为骆临海。武则天光宅元年，仕途失意、郁郁不得志的骆宾王毅然参与徐敬业发动的扬州兵变，被辟为艺文令，起草了著名的《讨武曌檄》，历数武则天的秽行劣迹，阴谋祸心深明大义，备达起兵的目的，以"试看今日之域中，竟是谁家之天下"作结尾，气势非凡，极富号召力。据说武则天看了檄文后，赫然变色，忙问是谁写的，当听说是骆宾王所为，十分惋惜地说："宰相之过也，人有如是才，而使之流落不偶乎？"扬州兵变才三个月就失败了，唐人郗云卿在《骆宾王文集序》中云："文明（唐睿宗年号）中，与嗣业于广陵共谋起义，兵事既不捷，因致逃遁。"后来《新唐书·骆宾王传》沿用此说，记曰"敬业败，宾王亡命，不知所之。"骆宾王亡命逃遁，下落不明，竟成了难解的谜案。在民间流传着以下几种说法：

　　一、骆宾王被杀。据《资治通鉴》、《新唐书·李绩传》记载，兵变失败后，骆宾王等人准备入海逃往高丽，抵达海陵（今江苏泰州），遇风浪受阻于遗山江中，被部将王那相所杀，传首东都，并牵连全家和族人。骆宾王的世交宋之问在《祭杜审言学士文》中，也言骆宾王"不能保族而全躯"。

　　二、骆宾王逃匿于今江苏南通一带。据明人朱国祯《涌幢小品》记载，明正德年间在南通城东发现骆宾王的墓，墓主衣冠如新。此墓后来迁往狼山，遗迹至今犹存。到了清代，陈熙晋在《骆临海集笺注·附录》中又说，雍正年间有自称李绩三十七世孙的李于诗，曾言家谱中所传，扬州兵变失败后，骆宾王与徐敬业之子同匿邙之白水荡，以后骆宾王客死崇川，骆宾王墓就是徐敬业之子修的。

三、骆宾王逃脱后削发为僧。兵变失败后，官军没有捕获徐敬业和骆宾王，因害怕武则天治罪，便以假充真，函首以献，骆宾王、徐敬业两人后都落发为和尚。据唐朝《本事诗》记载，宋之问曾在杭州灵隐寺玩月赋诗，吟出两句："鹫岭郁岧峣，龙宫锁寂寥。"正沉吟续句时，走来一位老僧，听了宋之问的两句诗后，即说"何不云：楼观沧海日，门对浙江潮"？继而连吟十句诗完篇，句句精妙，吟罢一去不复见。宋之问惊叹不已，向人打听那位工诗的老僧，才得知此僧竟是大名鼎鼎的骆宾王。

四、骆宾王投江水而死。唐人《朝野佥载》云："骆宾王《帝京篇》曰：'倏忽抟风生羽翼，须臾失浪委泥沙。'后与徐敬业兴兵扬州，大败，投江水而死，此其谶也。"就是说，骆宾王最终死于江水之中。

现世对骆宾王下落的争论，主要集中于兵败后骆宾王究竟是死还是生。主死者认为，除《新唐书·骆宾王传》外，其他正史记载都说他是兵败被杀，尤其是宋之问云骆宾王"不能保族而全躯"，更是力证。宋之问与骆宾王本来熟识，后来相逢不会不相识，因此，《本事诗》所言宋之问与骆宾王在灵隐寺月夜联句一事，纯属虚构，根本不可信。主生者认为，《本事诗》虽有缺漏，但尚难排除官军为邀功请赏而用假首级报送朝廷的可能性。郗云卿奉诏搜集骆宾王遗文，他在《骆宾王文集序》中所言骆宾王"因致逃遁"，必定有据。至于宋之问《祭杜审言学士文》中"不能保族而全躯"的话，极有可能是在他看了假骆宾王首级后写的。即使宋之问当时看出首级是假，恐怕也未必敢说真话。所以，用宋之问的一句话作为骆宾王兵败被杀的证据，是难以成立的。

有关骆宾王的下落，由于史籍记载相互矛盾，便形成了种种猜测，迄今难以定论。

李白是汉人还是胡人之谜

李白是我国历史上一位颇具传奇色彩的大诗人。历史上说他的长相特异，对月氏语十分精通，并且据说他的先世曾经流落到西域。那么他的家世究竟如何？这是后人非常感兴趣的研究话题。根据李白自述及其好友的述说，李白出身显赫。在李白自己的作品中，他曾经自述说："家本陇西人，先为汉边将。攻略盖天地，名飞青云上。"以及"白本陇西布衣，流落楚汉""白本家金陵，世为右姓，遭沮梁蒙逊难，奔流咸秦，因官寓家，少长江汉"等。

李白的叔父李阳冰在《草堂集序》中说，"李白，字太白，陇西成纪人，凉武昭王李暠九世孙。蝉联圭组，世为显著。中叶非罪，谪居条支，易姓与名……神龙之始，逃归于蜀"。据此，有人推断，李白应该是太宗李世民的曾侄孙。进而再推断，李白的曾祖父有可能是李世民的哥哥或弟弟中的某一个。

但是根据史料记载，唐玄宗在天宝年间曾经下过诏书，准许李家的子孙"隶入宗正寺，编入属籍"，也就是说登记上皇族的户口。为什么李白一家没有去登记呢？后来李白进入了翰林院，有很多与皇帝接近的机会，为什么也从没有提起过？晚年的李白，处境很是艰难，求人推荐的心情也很是迫切，但是他仍然没有提起过自己的皇族身份，这难道不是有点奇怪吗？有人推测，这大概是因为既然李白的祖上是李世民兄弟中的一个，便可能牵涉到玄武门事变这样一场宫廷恩怨。此外，前文还提到，李白可能是李陵的后裔，因为李陵曾因罪在历史上留下了不是很好的名声，故而李白生前只承认远祖李广，却否认李陵。因此，李白生前不愿意将自己的家世公之于众。

后世对李白父子的了解则更显得模糊。通过两段已有的关于李白之父经历和处境的材料，人们会提出疑问，李家为什么要"逃归于蜀"，为什么要"潜还广汉"，是国破家亡、流落异域，还是因为触犯刑律、流放边疆？无论是哪一种理由，在时隔百余年后，都构不成"逃归于蜀"和"潜还广汉"的可以讲得通的原因。那么，促使李家"逃归"、"潜还"的真正原因究竟是什么？还会有什么更为严峻的理由使李家跑到偏僻的山中？李白父亲的"逃归"之谜，使人们对李白身世的了解更为迷离。

△ 李白

清朝人王琦分析认为，李家的逃很可能与任侠、避仇有关。他推测说李白之父或许是一位行侠仗义的侠客，由于其行为触犯了当权者，所以只能是避到穷乡僻壤，隐姓埋名，终其一生。

如果上述推断得以成立，那么李白家世中的一些疑难问题就可以略见端倪了。李白父亲特殊的经历和处境，使李白能在诗文中对身边所有的亲戚朋友都饱含深情，却唯独对自己的家世闪烁其词。他的亲友在提及李白的家世籍贯时也出自"为尊者讳"、"为亲者讳"的目的，不得不使用一些托词和曲笔。这样分析，李白这个皇族的后裔，他不敢将自己的家世形诸文字，更不能登记上皇族的户口等疑问，似乎也就有了答案。

墨子的老家在何处

墨翟，又称墨子，是生活在战国时期的思想家。墨子本人创立的墨家学说，曾被韩非子称为显学，历史上常以"儒墨"并称，可见影响之广。而墨子本人，据说是一位面目黧黑在、刻苦自励的传奇式人物。他目睹战国时代诸侯国之间"争地以战，杀人盈野；争城以战，杀人盈城"的惨状，奋力提倡"兼爱"、"非攻"的学说，表现出他的积极救世精神。

然而对于像墨子这样一位伟大的思想家、科学家、政治活动家的生平，古代历史典籍中却记载不多，至于墨子诞生于何地，诞生于何时，至今仍是一个谜。

△ 墨子

历来对于墨子的出生地存四种说法：

一说鲁国人

据（吕氏春秋）高诱注："鲁惠公使宰让请郊庙之礼于天下，桓王使史角往，惠公止之，其后在于鲁，墨子学焉。"就是说，墨子曾学于史角之后，以此定墨子为鲁人。

二说宋国人

《史记·孟荀列传》、《汉书·艺文志》、葛洪《神仙传》、（文选）李善注、《荀子》杨保注均以墨子为宋国人。

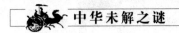

三说楚国人

清代毕沅《墨子注序》以墨子为鲁阳文君的关系，鲁阳城是楚国的地方这一点，则认为墨子为楚国人。

四说印度人

1928年，胡怀琛先生在《东方杂志》、《中国学术周刊》上发表《墨翟辨》、《墨学出于印度辨》二文，后又撰《墨子学辩》一书，大胆地提出了"墨翟出于印度"、"墨翟为印度人"之说，还提出"墨翟为印度婆罗门教徒"一说，这在当时的学术界很引起了一番争论，胡怀琛先生在他的《墨子学辩》一书中从哲学、科学、文学、文字、风俗、器物、姓名、肤色、弟子八个方面论证了自己的观点，当时同意他的观点的还有卫聚贤和太虚法师等人。金祖同先生曾撰《墨子为回教徒考》一文，也基本赞同墨子为印度人一说。

然而，由于墨子是否由印度来的这一事在中国古代典籍中多不见记载，因此墨子为印度人之说在我国学术界尚不能肯定。此后，现代诸学者在论及墨子出生地时，仍多沿用旧说。

20世纪20年代《京报》社长被杀之谜

1926年，是黑暗势力与进步势力大搏斗的一年，也是中国报业史上极为不幸的一年。才华横溢的北方报人、著名的《京报》社长邵飘萍在北京被北洋军阀张宗昌杀害，国人再也读不到他那脍炙人口、揭露黑暗、针砭时弊的文章。那么邵飘萍究竟是怎么死的呢？

1884年，邵飘萍生于浙江金华，原名振青，飘萍是其笔名。1907年，他进入杭州的浙江省高等学校，与陈布雷、邵元冲等激进分子一同参加了反对清廷将沪杭甬铁路筑路权卖与英国人的活动，参加了浙江各界的"浙路拒款会"，力保主权。他的头脑中充满了反清反暴政思想，再加上邵飘萍笔走龙蛇，针砭时政，"性情高傲，不可抑制"，而不为当时社会所容。

在杭州求学期间，邵飘萍因闹得太凶，被清地方官府视为反清分子，欲加以逮捕，后经人疏通，化险为夷。

1912年，中华民国成立。后袁世凯窃国为大总统，国家徒有"共和"之虚名，邵飘萍此时仍是放言无忌，与一名叫杭辛斋的报人合作，创办《汉民日报》，并在报端经常"揭露贪官污吏和地方豪绅的丑恶。对袁世凯盗民国之名，行专制之实，也时有讥讽"。于是，邵飘萍有了三次被拘捕的"前科"，后在"二次革命"中支持孙中山，为袁世凯不容，只好逃到日本去学法律。《汉民日报》在袁世凯的压力下封闭。在日本，他与《甲寅》杂志主编章士钊过从甚密。

1915年，袁世凯为实行帝制，签订出卖中国利益的"二十一条"，以此与日本作为交换条件。此事最先在外国报界予以披露，邵飘萍闻讯，立即撰文寄回国内报界，激起全国人民对卖国条约的激烈反对与声讨。他以"阿平"为笔名，在上海的《申报》、《时报》、《时事新报》上连篇累牍撰文，抒发内心对袁世凯黑暗统治的不满，引起了新闻界与舆论界的重视。很多人喜欢读他辛辣的文章，一时"洛阳纸贵"。

1916年，袁世凯一命呜呼。邵飘萍回国，以其感觉敏锐、文笔有力，成为《申报》驻北京特派通讯员。他具有独特的新闻思想和作风，认为应该采取一切手段和方法，必须得到事实的真相，发出第一手新闻资料以飨读者。当时的军阀、政要常出入北京八大胡同，依红偎翠。邵飘萍便广交朋友，混迹青楼，从将军、总长、部长、秘书长、政客、谋士的口中打听许多内幕新闻和秘密情报，夜深半醉而回，立撰电讯，大大扩充了《申报》的新闻信息，吸引了大量读者。有时，消息重要他甚至用密电码直接发出，成为独家新闻。

1918年10月，邵飘萍在北京创办《京报》。在创刊词中，他挑明宗旨："必使政府听命于正当民意之前，即是本报之所为作也。"在北洋军阀政府统治的黑暗年代，他公开与当局相迕，自然经常受到迫害，甚至获致牢狱之灾。邵飘萍称："这些军阀，鬼鬼祟祟，捣乱世界，设计害民，我偏要撕破他们的秘密。"

因为《京报》的社论直指段祺瑞政府，终至招祸。军警出动查封了《京报》馆，拘捕了主编潘公弼。邵飘萍闻风疾去，在妓馆内请了个妓女，二人扮成一对夫妇，混进车站，躲过军警耳目，大模大样逃回上海。尽管如此，他犀利的笔锋仍然像投枪一样，直刺北洋军阀的心脏。1920年，直皖战争爆发，皖系段祺瑞战败，政府垮台。邵飘萍回京，复刊《京报》，对直系军阀，尤其曹锟贿选大总统后的政局多有评论。直系欲"统一"，独揽大权，而邵飘萍偏偏主张"缩小中央，整理地方"，引起军阀嫉恨。邵飘萍敢于革故鼎新，在《京报》办了不少有特色的副刊。其中鲁迅主编的《莽原》副刊更为世人争睹。鲁迅共在这个副刊上发表了十篇《旧事重提》，后以《朝花夕拾》为名结集出版。

正是鲁迅笔下充满革命思想的杂文，给浓云密布的中国天空带来一道道闪电和震耳的惊雷。《京报》与邵飘萍更为反动统治者和军阀所不容，必欲打杀而后快。

冯玉祥是北洋军阀的叛逆，而邵飘萍对冯玉祥和国民军则加以正面报道，倾向性十分明显。1924年第二次直奉大战激烈之时，冯玉祥率部从山海关前线倒戈，发动北京政变，囚禁贿选总统曹锟，导致直系军阀吴佩孚的大败。北京政变后，冯玉祥电邀孙中山从广东北上，共商国是。后又与入主北京的奉系军阀张作霖不对路，与张作霖的部下郭松龄有反奉秘密协定。郭松龄兵败被杀，张作霖乃将矛头对准冯玉祥及其西北军，并与吴佩孚联合，表示要先扑灭北方的赤化，再扑灭广东之赤化。于是奉鲁军与直系残军联手，4月15日，直军进攻到通州，奉鲁军打到北京西苑，在腹背受敌的情况下，冯玉祥的军队退往南口，奉、直军进占北京。

奉系军团司令张宗昌对同情或支持冯玉祥国民军的人士立即采取非常手段，大肆逮捕与镇压。邵飘萍对骤变的风云不是没有觉察，冯玉祥部一撤离，他便立即躲入东交民巷外交使馆区里的六国饭店，而军界是不能在使馆区捕人的。邵飘萍在六国饭店一住数天。4月24日这天，合该有事，碰上了张汉举。张在北京也搞了一家小报馆，宗旨与《京报》正好相反，专为入主中枢的北洋军阀唱赞歌，像个马勺边上的苍蝇，奔走于权贵之门，以讨些残汤剩饭混日子。此人有个绰号，叫"夜壶张三"，最初是青楼中的姑娘们首先叫起来，渐渐成为公认的名号。"夜壶"在北方即夜中方便的尿罐，因其满嘴脏话，臭气连天，再加上他好吹牛，故弄玄虚，妓女们便送他这个贴切的

"雅号"。

"夜壶张三"来到六国饭店见到邵飘萍后，邵飘萍正愁无处了解信息，于是便与"夜壶张三"闲聊起来。

张说："危机已经过去，《京报》馆并无查封，说明你没有什么危险。"他故作神秘地说："我在当局处有熟人，你已无事了。回家不会出问题的。"

清清冷冷的邵飘萍不堪寂寞，便于当夜想潜回家中取些文稿，谁想一离开使馆区，便被军警布下的埋伏所逮捕。第二天，北京新闻界推举代表十三人前往张宗昌司令部，请求释放邵社长，而此时《京报》馆才被军警查封。代表们对张宗昌的部下说："我们是北京报界选出的代表，前来保释邵飘萍。如果邵飘萍所犯罪名为宣传赤化，那么北京的报界全体岂不是都同情赤化吗？"

张宗昌则骂道："我非看看，是他的笔厉害，还是老子的枪厉害！奶奶个熊，非杀他的头不可。"他还说："取缔宣传赤化分子，早经奉天军事会议决定，警厅奉命执行，邵飘萍不过其中一人而已。"其实，邵飘萍根本不是什么"宣传赤化"，《京报》的立场只不过多赞扬"西北军"而已。军团司令部连夜审讯，仓促定谳。

4月26日清晨，北京的春天刮起了少有的狂风，刮得人睁不开眼。天色阴森可怖，铅云四合，不见阳光。

军政执法处处长王琦亲自带领执法队从昏暗的牢房中提出邵飘萍。执法队押着邵飘萍走过他熟悉的北京街道，来到了天桥刑场。王琦以"乱党"和"宣传赤化"的罪名，宣读了执行邵飘萍死刑的命令，签发命令的人便是张宗昌，而他的后台便是奉系军阀魁首张作霖。

一声枪声，结束了邵飘萍年轻的生命，由此也可看出专制制度的罪恶。

《红楼梦》的作者之谜

　　《红楼梦》是我国一部伟大的现实主义小说，更是一部反映中国封建社会的百科全书。它不仅在中国文坛，而且在世界文坛上也占有重要的位置。现在已被译成了三十多种文字，并形成了一门专门的学科——"红学"。但令人惊讶的是，近来许多学者通过反复考证，竟然发现《红楼梦》似乎还有另一位最初的作者。因此，在学术界又引起了一番热烈的争论。

　　综观明清小说，著书人的根本目的不同于今人，不像现代人写书著作有稿费有版税，还能出名成作家，名利双收。在那时小说称"闲书"，写小说被人看不起，是个赔本倒贴的事，还要冒抄家、充军、杀头的危险。特别是《红楼梦》的撰写与流行是在清康熙、雍正、乾隆三朝盛行文字狱的朝代。

《红楼梦》在书中开门见山地引出："至吴玉峰题曰《红楼梦》。东鲁孔梅溪则题曰《风月宝鉴》。后因曹雪芹于悼红轩中披阅十载，增删五次，纂成目录，分出章回，则题曰《金陵十二钗》。"一下子点出与《红楼梦》小说作者有关的吴玉峰、东鲁孔梅溪、曹雪芹三人。脂砚斋为了隐藏《红楼梦》的真正著作人，为了躲避因《红楼梦》文字而可能随时发生的牢狱之灾，为了保护作者、保护自身、保护家族，在批注《红楼梦》时故意设套下陷阱，摆出迷魂阵，仿佛在向人们指明一条寻找《红楼梦》著作人的线索：《红楼梦》书上明写参与《红楼梦》撰写的有吴玉峰、东鲁孔梅溪、曹雪芹、棠村四人，又在脂批中指出作者避讳"寅"字，目的只有一个，误导企图破解著作人身份的"好事者"，让他们去寻找那个事实上并不存在的"曹雪芹们"。经过新红学派与考证派近百年努力，凡是有关联的历史资料都已寻遍、找遍，要说还有什么资料遗漏的话，也只能是去大海里捞针了。

那么，《红楼梦》的撰写人到底是谁呢？

当年，脂砚斋第十回中有这样一条眉批，"读五件事未完，余不禁失声大哭，30年前作书人在何处耶？"当时曹雪芹尚在世，曹雪芹是壬午（1762年）除夕去世的。如果其作者是曹雪芹的话，脂砚斋在评书时是绝不会"失声大哭"的，也绝不会问出"30年前作书人在何处耶？"所以，从这里不难找到另外有一个作者的证据。

其次，我们可以通过对《红楼梦》成书过程的研究来推出。《红楼梦》自述中有这样一段文字："空空道人因空见色，自色生情，传情入色，由色悟空，遂名情僧。改轩中披阅十载，增删五次，纂成目录，分出章目，又题曰：《金陵十二钗》，并题一绝，即此便是《石头记》的缘起。"仔细推究这番话的言外之意，我们便不难知道：《红楼梦》的原作者是"空空道人"，又名情僧，曹雪芹只不过是对该书进行"增删"而已。这就证明了《红楼梦》的成书，既有一个原作者，又有一个进行修改的作者，他们绝不是同一个人，而是两个人。

再则，袁枚的《随园诗话》的误导也迷惑了一些人，但袁枚的话偏又是错误的。别的不说，袁枚把曹雪芹和曹栋亭之间的辈分这一最基本的关系都弄错了。曹雪芹和曹栋亭之间本是祖孙关系，而袁氏却把他们说成是父子关系，并且，袁氏还说这是一本专写妓女和妓院生活的书，这也是难以令人置信的。所以成书于《随园诗话》后的《八旗画录》，显然受到袁氏说法的影响。不过，在最后，《八旗画录》不得不承认，对曹雪芹此人并不了解，"惜文献无征，不能详其为人"。

另外，在《红楼梦》最早的几个版本中，有戚蓼生、程伟元和高鹗等人写的序，令人奇怪的是，他们都未肯定曹雪芹为《红楼梦》的作者。戚蓼生、高鹗的序连曹雪芹的名字都未提，程伟元的序也只是含混的表示："《红楼梦》小说作者相传不一，究未知出于何人，唯书内记曹雪芹先生删改过。"

鉴于以上原因，当代"红学"研究者对《红楼梦》的原作者进行了推测，从而得出了这样两条结论：

第一，《红楼梦》原作者的年龄应比曹雪芹大6～10岁，这样他才能了解曹家正处繁华的生活，从而在小说中加以重现。同时，他的辈分应比曹雪芹高一辈，这样才符合"自传"说法的人物辈分关系。

第二，那些评书者，在谈到《红楼梦》的作者时，大都不敢直书其名，只用了一个化名——"空空道人"。在写曹雪芹时，毫无讳忌，这恐怕不是没有原因的。因而，《红楼梦》原作者可能是一位戴罪的朝廷命官，后被削职而出家为僧。

但不管原作者为何人，曹雪芹为《红楼梦》的成书"泪尽而逝"，将自己的全部精力和心血，投入到对《红楼梦》的伟大而艰巨的再创造中去，他的光辉业绩是不可磨灭的。

那么，《红楼梦》的原作者到底是谁？"三十年前作书人在何处耶？"对于这个令"红学"界伤透脑筋的问题，至今也找不到半点线索，实在是莫大的遗憾。

《西游记》的作者之谜

　　《西游记》的版本较多，现存最早的是金陵世德堂刊本《新刻出像官板大字西游记》，二十卷一百回，一般认为是刊于明代万历二十年。

　　还有一部平话《西游记》，出现在金元之际，曾流传海内外。而百回本小说《西游记》，起初书上并没有作者名字，因为古代小说作者多不署名。明末清初，一位修行者自称发现了大略堂古本的《西游记》，不仅补足了唐僧出身一回，而且署名作者为邱处机，并且放上了元代大文学家虞集为《西游记》写的"序"。

　　邱处机，山东栖霞人。成吉思汗进军中亚细亚时，他曾随军出征，其弟子李志常后来据此写了一部地理游记叫《长春真人西游记》，这部游记对研究元初中亚细亚的地理状况有很重要的价值，但鲜为人知。至此，人们便以为《西游记》小说是邱氏所作。清乾隆年间，著名学者钱大昕在《永乐大典》里发现了李志常的《长春真人西游记》，认为此《西游记》与民间流传并署名"邱处机"的小说《西游记》不是一码事，遂撰文指出这部小说并非为邱所写，但究竟是谁写的，他也不清楚。

　　《西游记》的作者是谁？数百年来一直是一个历史悬案。

　　20世纪20年代，胡适与鲁迅从清代学者中论证出《西游记》的作者是淮安嘉靖中岁贡生吴承恩。但是，从目前所能见到的各种《西游记》版本，没有一部是署名为吴承恩的。我们现在看到的《西游记》上的署名为吴承恩，其实只是20世纪20年代以后的事情。在此之前，《西游记》的作者一直是个谜，历代读书人都在努力地求证。民国时，胡适、鲁迅读到《淮安府志·淮贤文目》中有一条称：吴承恩，明朝贡生，著有《西游记》。胡适由此而撰文，把小说《西游记》的作者定为吴承恩。

关于最后写定《西游记》的作者是谁，学术界一直持有不同的观点。百回本《西游记》的所有明刊本均未署名，仅题"华阳洞天主人校"。而多数清代刻本，均题作者为元初人邱处机，这显然是把邱作《长春真人西游记》误会为小说《西游记》之故。清中叶以后，阮奎生《茶余客话》、丁晏《石亭记事续编》等淮安人著述，根据《天启淮安府志》及小说中方言俚语等材料，提出作者是吴承恩，但未得到响应。但也有一些研究者认为，《淮安府志》所著录的吴承恩《西游记》是否就是今存百回本小说《西游记》，尚需作进一步的证明。

李安纲先生经过多年的研究认为，吴承恩是一位儒生，郁郁不得志。尽管能诗文，善杂记，但他没有接触过玄门释宗，其藏书也多是书画法帖，没有佛、道之书，更不要说读过《道藏》了。《西游记》的主题是三教合一、金丹大道，是人体生命科学的表述，是用文学艺术的方式来阐释教义、道法、医学、修炼等艰涩深奥的哲理，对于一个儒士来说，要弄懂道教金丹学的金公木母、姹女婴儿、黄婆丁老、离火坎水、温养沐浴、火候抽添，佛教的即心即佛、明心见性，儒教的阴阳八卦、五行生克，医学的奇经八脉、周天穴位，不花上三四十年的工夫是不行的。

吴承恩40岁前热衷于仕进科举，40岁以后写了一部仅有十几个怪异小故事的《禹鼎志》杂记，据其序言，是下了很多年的决心，并且"日与懒战"才写出来的。再说要写小说，要花费毕生精力，就一定会有人知道，但吴承恩的好朋友们都不知道他写过《西游记》小说。

据文汇报报道，沈承庆生于1919年，毕业于北京大学图书馆学系，曾任中科院图书馆西文编目馆员，有志于《西游记》的研究工作，后因种种原因未能如愿以偿。20世纪80年代后，沈先生查阅自己所寻得的各种《西游记》版本的古今资料，又萌发考证《西游记》作者的强烈愿望。20世纪70年代以后，沈先生又费时5年，悉心考证《西游记》作者为李春芳。

沈先生的考证思路是从世德堂本《新刻出像大字官板西游记》卷首的"华阳洞天主人校"的"校"字入手，对比杨致和《西游记》和朱鼎臣《释厄传》两个版本之间增、删、改的故事情节变化及发展，论证小说的成书过程，理顺这三个版本的出版顺序，结合其中所体现的佛、道、儒三家思想脉络，追根溯源论证《西游记》作者的阅历及身份。沈先生查阅大量的文献资料，运用自己专长的目录学、版本学、历史学、方志学等诸专业知识，旁征博引，仔细爬梳，考证出《西游记》一书与吴承恩毫无关系，真正作者应为明嘉靖时代的"青词宰相"李春芳。

△ 吴承恩

沈先生指出，吴承恩有诗《赠李石麓太史》，石麓为李春芳的号。李籍隶江苏兴化县，嘉靖年间状元及第，因善撰"青词"而累升宰辅。少时曾在江苏华阳洞读书，故又有号"华阳洞主人"，曾受命总校《永乐大典》。在《西游记》第九十五回有一首诗："缤纷瑞霭满天香，一座荒山倏被祥。虹流千载清河海，电绕长春赛禹汤。草木沾恩添秀色，野花得润有余芳。古来长者留遗迹，今喜明君降宝堂。"沈先生发现，这首诗的第四、五、六、七四句，暗含"李春芳老人留迹"，与卷首"华阳洞天主人校"指的是"编撰《西游记》"之意。

胡适与鲁迅主张吴承恩为《西游记》作者的根据是，明天启间《淮安府志》记有吴承恩作《西游记》，但未说明此为何类图书。清代咸丰重刻《淮安府志》删去了这一条。

经沈先生考证，吴承恩作有《西湖记》，《西游记》应为《西湖记》之误。因此，要真正解开《西游记》作者的历史之谜，还需要进一步发掘更多的第一手资料。

《三国演义》的作者之谜

对于《三国演义》的作者是罗贯中的说法很久以来就有人提出质疑了。关于罗贯中，据明初无名氏的《录鬼簿续编》中有他的记载，该书作者与罗贯中有交往，记载说罗贯中是"太原人"，却没有提到他叫"罗本"（今人有说他名"本"字"贯中"，纯属附会），只说他"乐府隐语极为清新"，写过三种杂剧，并没有提到他创作《三国志通俗演义》等小说。到了近200年以后的明中叶，他怎么竟成了一个天才的小说家？

然而，要想推翻像"罗贯中创作《三国演义》"这样久已深入人心的说法，没有充分可靠的证据，是不会轻易被人们接受的。明黄正甫刊本的发现，可谓是一个铁证。此外，为了更加充分地证明这一点，有学者还考察了自元末明初到明中近200年间小说的发展，从《永乐大典》等有关文献中找到了大量的证据，证明所谓"小说史上的200年空白"是一种十分荒诞的说法。

从罗贯中生活的那个时代出现的《三国志平话》的内容和流传情况来看，从元明时期的三国戏曲与《三国志通俗演义》的关系判断，结论都是相同的，即在元末明初罗贯中生活的那个时代，三国故事还不够成熟，许多故事还没有定形，凭罗贯中一个人的智慧，无论如何也编写不出《三国演义》中那么多精彩的故事来。应当说，这些考察获得了大量重要的旁证。而从《三国演义》本身，也有许多内证可以证明其成书时间是在罗贯中之后。例如"关云长五关斩将"的描写，这故事写关羽从许昌到滑州（今滑县）去寻找刘备。从地理上看，许昌到滑州直线距离不过500里，且是一马平川，关羽怎么会翻山越岭跑到洛阳、汜水、荥阳，绕了个大弯子去过关斩将呢？显然在地理描述上有错误。罗贯中是太原人，他如要写《三国演义》，不至于造成这样的地理错误。

　　上述论证足以说明，《三国演义》的作者不是罗贯中，其成书时间应当在明中叶。那么，这部大书是如何创作出来的？胡适先生20世纪30年代曾在他所作的《三国演义序》中说："《三国演义》不是一个人做的，乃是500年的演义家的共同作品。"他所说的"500年"，应当是从北宋到明中叶这段时间，他所说的"演义家"也应当是指如宋人所说的"霍四九说三分"这样的一代又一代的说书艺人。《三国演义》中的精彩故事都是经这些说书艺人在口耳相传的过程中不断丰富和完善起来的。到了明中叶，整个三国历史的系列故事已经相当完善之后，有眼光的书商看到了其中的商机，便与某个熟悉三国故事的下层文人联手，参阅《资治通鉴》（所谓按鉴）等史书，对这些三国故事进行系统的整理（所谓考订），写成了这部"通俗演义"式的"三国志传"，然后付梓刊行。

　　关于《三国演义》最初写定者的籍贯，有人推测他当是南方人，这从他对中原地理的无知可以证明。此外，从语言上也能看出这一点，黄权这个人物，在黄正甫刊本中第一次出现时，被误写成了"王权"，"王"、"黄"同音造成字误，也是南方口音所致。如果是太原人罗贯中所写，就绝不会出现这样的错误。

　　这就是说，像《三国演义》这样的大书，其中精彩的片段，都应当是由那些说书艺人创作出来的。明代的长篇小说，多在每一段或每一回结束时，有一句"欲知后事如何，且听下回分解"，这是说书艺人在书场上为了吸引听众而说的"卖关子"的话。到了这样的小说被记录下来时，他的写定者往往连这样的话也抄录了下来。可见，是不可以把这最后的写定者当成作者来看待的，也就是说，绝不可以把它的写定者当成该书的作者。

　　正因为如此，我们再阅读《三国演义》时，不应当把它当做一本个人创作的小说，更不应该结合罗贯中的思想和他所处的那个时代来探讨该书的思想性和艺术性，而应放开眼界，将此书置于历史文化的大背景中来予以探讨。大而言之，我们应从探讨《三国演义》的成书过程、思想意蕴、艺术成就入手，同时探讨其他几部明代出现的古典小说名著，如《水浒传》、《西游记》等的成书过程，唯有如此，才有可能重新认识作为中国古代通俗文学的小说发展史。

《水浒传》的作者之谜

电视连续剧《水浒传》标明原作者为施耐庵、罗贯中两人，引起许多观众的疑惑：《水浒传》的作者不是施耐庵一个人吗，怎么变成了施耐庵、罗贯中两个人呢？

在清代与民国年间，《水浒传》最流行的版本是贯华堂刊本，即金圣叹评本（七十回本），它所题署的作者为施耐庵。而在新中国成立之后、"文化大革命"之前，《水浒传》最流行的版本则是人民文学出版社的整理本，它所题署的作者仍然是施耐庵。同时，在许多文学史著作的论述中，也把《水浒传》的著作权归之于施耐庵一人。因此，长期以来，"《水浒传》的作者是施耐庵"这个说法已经给人们留下了极深刻的印象。其实，关于《水浒传》的作者，历来存在着多种说法，"施耐庵撰"只不过是其中的一种而已。撇开那些荒诞不经的说法（例如，《水浒传》藜光堂刊本题"姚宗镇国藩父编"）不算，明、清两代，在《水浒传》版本上，在文人们的笔记和书目的记载中，主要的说法有如下三种：

第一种说法认为是罗贯中撰，首见于郎瑛（1487～1566）的《七修类稿》，而郎瑛乃明代嘉靖时人。

第二种说法认为是施耐庵、罗贯中合撰，首见于高儒的《百川书志》。高儒的生卒年不详，但《百川书志》卷首有高儒嘉靖十九年（1540）自序，可知他和郎瑛同时，也是嘉靖时人。

第三种说法认为是施耐庵撰，首见于胡应麟的《少室山房笔丛》，而胡应麟乃万历时人。

哪一种说法最可靠或比较可靠呢？

从《水浒传》版本的题署看：第一种说法不见于现存的任何版本的题

署；以第二种说法为题署的版本大多出现于明代的嘉靖、万历年间；第三种说法的两种版本则出现于明末的崇祯年间。因此，从时间上说，也同样是第三种说法要晚于第一种说法和第二种说法。这样说，是不是意味着第一种说法、第二种说法比较可靠，第三种说法最不可靠呢？

以第一种说法而论，它恐怕是最不可靠的。《三国演义》和《水浒传》两部小说，在语言形式上完全不同。前者用的是浅近的文言，后者却出之以通俗的白话，说它们出于同一作者的笔下，实在很难获得人们的首肯。第二种说法和第三种说法虽然有出现早和出现晚的差别，但它们却有着共同点：以施耐庵为作者或作者之一，它们实际上是相互支持的。因此，从这个角度说，它们都是比较可靠的。

第二种说法，以施耐庵、罗贯中为共同的作者，有一定的道理。但缺憾在于，它没有交代清楚他们是什么样的合作关系：两人之中，谁为主，谁为次？依照常理来判断，不可能恰好是50%对50%，没有那么凑巧。

在清代，也有人（例如《水浒一百单八将图》题跋的作者徐渭仁）将施、罗两人做了分工，把前七十回给予施耐庵，把后五十回给予罗贯中。这仅仅是一种凭空的猜测，而且出现的时间太晚。只有在《水浒传》一百二十回本、七十回本流行之后，它才可能在人们的头脑中萌生。

要想比较准确地理解他们的合作关系，目前唯一的途径便是考察明代有关《水浒传》作者的题署高儒《百川书志》"施耐庵的本，罗贯中编次"，"嘉靖本"、天都外臣序本、袁无涯刊本"施耐庵集撰，罗贯中纂修。"所谓"的本"，是宋、元、明时代的常用语，即"真本"。"集撰"含有"撰写"之意。这表明，施耐庵是作者，是执笔人。所谓"纂修"，可解释为"编辑"，和"编次"是同样的意思。这等于说，罗贯中是编者，或整理者、加工者。

因为《水浒传》是集体创作，因此，作者是谁也是学术界争论不休的问题，争论的焦点集中在施耐庵身上，另一位撰稿人罗贯中较少异辞。撇开施耐庵不论，有11种内容有差异的版本，都题有罗贯中的名字。一个作者不可能作11种不同版本的《水浒传》。在这个意义上，不仅施耐庵可能是一个托名，罗贯中也可能是被人托了名。以现有的略微确实的有关罗贯中的资料和不可靠的施耐庵身世的资料判断，他们两人都只能是某一时期《水浒传》文本的写定者。在15世纪刊行的《水浒传》版本上，已经刻有施耐庵、罗贯中两位作者的名字。施耐庵排名在前，称"集撰"；罗贯中排名在后，称"纂修"。

以《水浒传》和《三国志通俗演义》的文笔来参对，除了后半部分有些战争场面的叙写可疑为罗贯中的笔法外，其他部分与罗贯中的笔调迥然不同，所以可以这样认为，此书的作者并非罗贯中，或罗贯中只是"纂修"了《水浒传》的后半部分。

有些研究者的意见倾向于根本就没有施耐庵这样一个人。也有人推定，施耐庵就是郭勋或其门客某人。但现已证明，嘉靖大学《忠义水浒传》并非郭勋本。1975年，上海图书馆发现了《精本忠义传》，证明早于郭勋和嘉靖大学本前，《水浒传》已有繁本流行，则施耐庵为郭勋或其门客之说自然就不攻自破了。

至于《水浒传》的真正作者究竟是谁，恐怕这还是一个需要经过长期考证、探讨的未解之谜。

《战国策》的编纂者之谜

　　《战国策》是我国古代记载战国时期政治斗争的一部最完整的著作。它实际上是当时纵横家游说之辞的汇编，而当时七国的风云变幻，合纵连横，战争绵延，政权更迭，都与谋士献策、智士论辩有关，因而具有重要的史料价值。该书文辞优美，语言生动，富于雄辩与运筹的机智，描写人物绘声绘色，在我国古典文学史上亦占有重要地位。然而，该书的作者却说法各异。

　　《隋书·经籍志》称"刘向录"；《唐书·经籍志》称"刘向撰"；《四库全书总目提要》称"刘向裒合诸记，并为一篇"；顾广圻则谓"《战国策》实（刘）向一家之学"，都把《战国策》的编纂或著作权归于西汉的刘向。

　　但是，刘向本人却并不承认。他在《战国策·叙录》中说："所校中《战国策书》，中书余卷，错乱相糅莒。又有国别者八篇，少不足。臣向因国别者略以时次之，分别不以序者以相补，除复重，得三十三篇……中书本号，或曰《国策》，或曰《国事》，或曰《短长》，或曰《事语》，或曰《长书》，或曰《脩书》。臣向以为战国时游士，辅所用之国，为之策谋，宜为《战国策》。"刘向只承认把游士的著作汇成一集，起名《战国策》而已。

　　这一疑点存在了两千年，近代学者罗根泽的《战国策作于蒯通考》，才对《战国策》的作者提出了新的假设。蒯通系秦汉之际纵横家，曾劝说范阳令归降陈胜起义军，又建议韩信攻取齐地，劝韩信背叛刘邦而自立，汉惠帝时为丞相曹参宾客，著有《隽永》八十一篇。其理由是：一、《史记·田儋列传》："蒯通，善为长短说，论战国权变，为八十一首。"《战国策》正是"论战国权变"之书；二、《战国策》原名《短长》、《长书》、《脩书》，而蒯通正是"善为长短说"之人；三、《战国策》迄于楚汉之起，而蒯通曾在楚汉之际游说韩信，在时间上吻合。故唐司马贞《史记索隐》曾说，《战国策》亦载蒯通游说韩信的言论；四、古代私家著作往往没有统一的书名，如《论语》书名定于汉初，《史记》在汉时称"太史公"或"太史公记"等。《战国策》初期亦无定名，至刘向时方才为之定名；五、《战国策》又名《隽永》。《汉书·蒯通传》："通论战国时说士权变，亦自序其说，凡八十一首，号曰隽永。""隽永"即惰长，亦即《短长》、《长书》、《惰书》之谓，《隽永》当为蒯通对该书的自名。罗氏的结论是："《战国策》始作于蒯通，增补并重编者为刘向，司马贞所见是否即刘向重编本不可知，今本则有残阙矣。"此说一出，争辩更为激烈。

20世纪70年代初，长沙马王堆汉墓出土帛书《战国纵横家书》，对于考证《战国策》的作者，又提供了新的思路。该书许多部分与《战国策》相同或类似，但体例详略不二，而以记载苏秦一生的言论为主，很可能是《汉书·艺文志》中提到的《苏子》一书的辑录。但该书的最后一部分，又为各种游说故事的辑录，大都与《战国策》同，而全书的最后年限则为秦国攻楚，似成书于秦汉之际。这样，对于《战国策》成书于蒯通的说法，又增加了一层迷雾。

李商隐《无题》诗之谜

李商隐的《无题》诗，大多写得缠绵悱恻、浓丽华艳，而又扑朔迷离。是中国诗坛上最迷人的诗，也是中国诗坛上最难释解的诗。

一、爱情诗中的千古绝唱

以"无题"为题，是李商隐的独创。在他的诗集中，直接以"无题"为题的诗约二十首，随意摘取开头二字或三四字为题的诗约四十首，占诗作总数的十分之一以上。一般认为，这些诗都是《无题》诗。

《无题》诗的一个显著的特点是直接抒写儿女私情。比如：

相见时难别亦难，东风无力百花残。

春蚕到死丝方尽，蜡炬成灰泪始干。

晓镜但愁云鬓改，夜吟应觉月光寒。

蓬山此去无多路，青鸟殷勤为探看。

诗中所写的难舍难分的离愁，生死不渝的相思，重见无期的悲凉，以及体贴入微的宽慰，都真切而又感人。特别是"春蚕到死丝方尽，蜡炬成灰泪始干"两句，成了恋人们在凄苦无望中表述海枯石烂、矢志不移的坚贞爱情的千古绝唱，震撼着后世千秋万代的读者。

像这样的千古绝唱还有：

身无彩凤双飞翼，

心有灵犀一点通。

写一对私相许授的恋人不能在公开场合里直接亲近的苦恼，以及由心心相印、眉目传情所带来的隐秘的愉悦。

刘郎已恨蓬山远，

更隔蓬山一万重。

写所追慕的人杳邈难求，先说"已恨"，再说'更隔"，反衬出相思之苦，失望之深。

春心莫共花争发，

一寸相思一寸灰。

春光似火，再次燎起相思的烈焰。然而，理智上的自我告诫，寸寸成灰的悲痛回忆，能扑灭得了这正在熊熊"争发"的爱情之火吗？我们看，不能。

直道相思了无益，

未妨惆怅是清狂。

意思是：我本来知道这无望的相思一点益处都没有，但我仍然要甘心情愿地相思下去，陶醉于我的惆怅，即使是别人把我当做白痴，也在所无妨！

如痴如醉，无怨无悔，烧成灰也不怕，当白痴也不怕，这样执著、专注、浓烈、纯真的爱情，这样如痴如魔的爱情，在现实生活中能有多少？何况是诗！

这样的诗不是爱情诗，能是什么呢？

二、寓意深微的政治诗

对《无题》诗爱情性质的否定，首先来自李商隐自己。

李商隐丧妻之后（公元851年，李40岁），他的座主柳仲郢曾指定一乐籍女子张懿仙为他续弦，他辞谢时说："至于南国妖姬，丛台妙妓，虽有涉于篇什，实不接于风流。"（《上河东公启》）这就是说，他虽然写过一些爱情诗，但并没有什么风流韵事。

既然与风流韵事无关，那么，又为什么写出这些爱情篇什呢？

他又说："为芳草以怨王孙，借美人以喻君子。"（《谢河东公和诗启》）他还说："楚雨含情皆有托"（《梓州罢吟寄同舍》），"巧啭岂能无本意"（《流莺》）。这就是告诉别人，他的爱情篇不是"本意"，而是另有"寄托"之作。

至于寄托的是什么，就得从考察他的思想、生平入手。

原来，李商隐（约812~858年）生活在晚唐牛李党争时期。以牛僧儒、李宗闵为首的官僚集团与以李德裕为首的官僚集团势不两立，此上彼下，绵延近40年。李商隐早年受知于令狐楚，令狐楚属牛党，他的及第，曾受到令狐楚之子，也是他青年时期的好友令狐绚的推荐。但及第不久，他就做了泾原节度使王茂元的女婿，王茂元属李党。牛党人氏则认为李商隐'背恩'、"诡薄无行"、"共排摈之"。后来，牛党得势，令狐绚当了宰相，李德裕远贬潮州、崖州。李商隐也就只能沉沦于偏远州郡，充当幕僚了。他曾凭着旧日的情谊，向令狐绚"屡启陈情"，但令狐绚置之不理。李商隐郁郁终生，46岁，"官不挂朝籍而死"。

第一个用"寄托说"来解释李商隐爱情诗的，是《李义山诗集笺注》的作者朱鹤龄。

他认为，"男女之情通于君臣朋友"，《楚辞》就是借"芳草"、"美人"来表达君臣之义、忠愤幽怨之情的典范。李商隐由于"党祸蔓延"，长期沉沦于幕府，其身危，则显言不可而曲言之；其思苦，则庄语不可而谩语之"。李商隐说"楚雨含情俱有托"，就已经为自己的诗作了笺解，怎么只能用"男女之情"来看待他的诗呢？

清人吴乔的《西崑发微》是专讲《无题》诗的。他认为，令狐绚做了宰相，只是给李商隐设宴叙旧来侮弄他，却不肯真心提携他，李商隐虽说了解令狐绚的心思，但还存侥幸心理，所以就写了《无题》诗，借男女情爱来表达自己对他的怨望之情。吴乔还一一指明：哪些诗是盼望他回心转意的；哪些诗是自作多情，惊喜于他不念旧恶的；哪些诗又是失望之余，怨愤交集，乃至绝望的。

清人冯浩在注李商隐《无题》诗时，痛感于前人穿凿附会，动不动就说是为令狐绚而作，初稿时一一"翻驳"，但等到他"审定行年，细探心曲"之后，得出的结论却是："自来解《无题》诸诗者，或谓其皆属寓言，或谓其尽赋本事，各有偏见，互持莫决。余细读全集，乃知实有寄托者多，直作艳情者少。夹杂不分，令人迷乱耳。"他，反倒是成了"寄托说"的坚定的发言人。

三、"区别对待"说与"就诗论诗"说

有人认为，《无题》诗是一个颇为复杂的集合体，其内涵也不可一概而论。说它都是"艳情诗"不可，说它都是"寄托诗"也不可，应该区别对待。这种意见以《四库全书提要》为代表。《提要》指出：

"《无题》之中，有确有寄托者，'来是空言去绝踪'之类是也；有戏为艳体者，'近知名阿侯'之类是也；有实属狭邪者，'昨夜星辰昨夜风'之类是也；有失去本题者，'万里风波一叶舟'之类是也；有与《无题》相连误合为一者，'幽人不倦赏'之类是也。其摘首二字为题，如《碧城》、《锦瑟》诸篇，亦同此例，一概以美人香草解之，殊乖本旨。"

从原则上看，这种主张是对的。但一涉及到具体篇章，哪些是艳情，哪些是寄托，却又各立门户，聚讼纷纭了。

还有人认为，《无题》诗毕竟是千年以前的诗，当时的实情已经不可详知，我们只能就诗论诗，作宽泛的解释，不可穿凿附会。这种意见以清人屈复为代表。他说：

"凡诗有所寄托，有可知者，有不可知者，如'月中霜里斗婵娟'、'终遣君王怒偃师'诸篇，寄托明白，且属泛论，此可知者；若《锦瑟》、《无题》、《玉山》诸篇，皆男女慕悦之词，知其有寄托而已，若必求其何事、何人实之，则凿矣。今但就诗论诗，不敢附会牵扯。"

从原则上看，这种主张也是对的。但一涉及具体篇章，哪些寄托是可知的，哪些寄托是不可知的，就又见仁见智，各显神通了。

总之，李商隐的《无题》诗，至今绝无统一意见。对于一般读者来说，尽可以把它当做优美的爱情诗来读。至于是否有寄托？寄托了什么？留给专家学者们去争辩好了。

《悯农》的作者之谜

"锄禾日当午，汗滴禾下土。谁知盘中餐，粒粒皆辛苦。"这首传诵千年、脍炙人口的唐诗佳作，已经成为家喻户晓、妇孺皆知的千古绝句。然而，这首诗到底出自何人之手，它的著作权究竟应该列于何人名下呢？

一说是：这首《锄禾日当午》诗作为《古风二首》之"其二"的作者——唐代诗人李绅（772～846年）。李绅是江苏无锡人，字公垂，他不仅是中唐时期新乐府运动的倡导者之一，而且是撰写新乐府诗的最早实践者，曾因触怒权贵下狱，与同时代的文学家白居易和元稹交往甚密。元稹曾经说过："予友李公垂，贶予乐府新题20首，雅有所谓，不虚为文，文章合为时而著，歌诗合为事而作。"李绅的诗作有《乐府新题》二十首，《全唐诗》一书还录有《追昔游诗》三卷，《杂诗》三卷，另有《莺莺歌》犹保存在《西厢记诸宫调》中。

一说是：唐代的聂夷中（见《江海学刊》1985年第4期）。《全唐诗》将这四句诗作为一首五言绝句即列于聂夷中名下，又辑入李绅卷中。聂夷中的《田家二首》写道："父耕原上田，子削山下荒。六月禾未秀，官家已修仓。锄禾日当午，汗滴禾下土。谁知盘中餐，粒粒皆辛苦。"这里所载的"锄禾日当午"等四句诗后注上此篇一作李绅诗的脚注，而在李绅的《古风（悯农）二首》的这四句诗作后面就没有作"此篇一作聂夷中诗"的注脚。后来人们在选注李绅《古风（悯农）二首》时就不做篇章互见的说明，而在选注聂夷中诗时便把"锄禾日当午"四句诗给一笔勾销了，久而久之，人们似乎就如此约定俗成，甚至在把这四句诗纳入教科书时也不加任何注脚说明了。

宋刻影印本《全芳备祖》被称为世界最早的植物学辞曲。约成书于13

世纪中叶："其自序云：有关事实、赋咏、乐府，必稽其始。"该书后集卷
二十"五言绝句"栏下所辑李绅诗作仅"春种一粒粟，秋收万颗籽。四海无
闲田，农夫犹饿死"一首；而在"五言古诗"栏所辑聂夷中《田家》诗的全
文为："父耕原上田，子削山下荒；六月禾未秀，官家已修仓。锄禾日当
午，汗滴禾下土；谁知盘中餐，粒粒皆辛苦。二月卖新丝，五月粜新谷；医
得眼前疮，剜却心头肉。我愿君王心，化作光明烛；不照绮罗筵，只照逃亡
屋。"据《唐诗纪事》记载：聂夷中"奋身草泽，备尝辛楚，尤为清苦"。
由于他出身贫寒，及第后只做过县尉小吏，因此他能体察民间疾苦，尤其是
对农民生活的艰辛清贫十分了解，自己的体会也很贴切明然，他所写的揭露
抨击封建社会农村的剥削现象也就比较尖锐深刻。《全唐诗》所录的一卷聂
夷中诗作，诸如《田家》这类反映现实农民生活和农村景象的诗歌就占了四
分之一的篇幅。由此看来，《锄禾日当午》一诗的真正作者不是传统所指的
李绅，它的著作权是聂夷中。

泰山无字碑是何人所立

泰山极顶玉皇殿门外，有一方高6米、宽1.2米、厚0.9米的长方形石碑，石上无字，被人们称为泰山无字碑。清乾隆皇帝曾为此碑赋诗："本意欲焚书，立碑故无字。"从诗句看，泰山无字碑是秦始皇所立，且立碑意在焚书。泰山无字碑真是秦始皇所立吗？根据《史记·秦始皇本纪》记载，秦始皇确实在泰山立过碑。前219年，秦始皇第二次出巡，他到达今山东省邹县后，曾在峄山上立有石碑，即后来有名的"峄山碑"。后又登泰山，"立石封祠祀"。但他立的是刻有文字的碑，而且是在焚书的前6年。因此，无字碑与秦始皇焚书绝无关系。

有人根据史料记载，认为泰山无字碑是汉武帝所立的。汉武帝即位不久，就有封禅泰山的念头，但直到三十多年后，才实现登泰山封禅的愿望。《封禅书》记载，汉武帝令人在泰山之巅立石，却没有说明在碑上刻字，因此，汉武帝所立的很可能是一块无字碑。而且这块碑所述的位置，与现在的无字碑位置大致相同，都在泰山极顶。

也有人认为，泰山无字碑原是有字的，只是年代久远，经风历雨，刻字被风化剥蚀殆尽，以致无迹可寻。但从现存石碑情况看，风化现象并不严重，在宋朝时就已被称为无字碑了。秦二世时的碑在宋代时尚可识得146字，这块石碑如若有字，不可能被剥蚀得一字不存。

目前，许多学者倾向于泰山无字碑为汉武帝所立，但还没有十分的证据加以证实，只能暂告存疑，留待后学考证。

故宫称为紫禁城之谜

故宫作为明清两代的皇宫，旧称紫禁城。紫禁城始建于明朝永乐四年，为明清帝王的居住处所。皇家宫殿为什么称为紫禁城，说法还不一致。

一种说法认为，紫禁城的命名出自紫气东来的典故。传说老子出函谷关前，关令尹看到有紫气从东而来，知道将有圣人过关。不久，就看到老子骑着青牛翩然而至。从此，后人就把紫气作为祥瑞之气来看，视作帝王、圣贤和宝物出现的先兆。中国古代因此以紫衣为贵服，将祥瑞之气称为紫云，将传说神仙居住的地方称为紫海，将传说中的仙人称为紫皇，将帝都郊野处称为紫陌，把皇帝居住的地方，因其戒备森严，而称作紫禁城也是合理的。

另一种说法认为紫禁城之名来自迷信和神话传说。皇帝自命为天子，传说天帝居住在天宫，天子自然也应住在天宫。古书上说，"天宫谓之紫宫"，皇帝就将其住的地方称作紫宫，而所居之城称谓紫城也就顺理成章了，紫禁城因此得名。

还有一种说法认为紫禁城之名源于星垣学说，古代的天文学家将天上星垣分为三垣、二十八宿等，三垣指太微垣、紫微垣、天是垣，而紫微星垣处于三垣的中央，是代称天子的，紫微星即北斗星，群星环拱于四周。古人不但把紫微星垣比喻为天子，还把帝王的宫殿称为紫极、紫禁、紫垣。紫禁之称在唐代就已经有了，从故宫的用途和建筑规模看，以星垣学的角度命名故宫为紫禁城，也是十分恰当的。

十二生肖的来历

　　每个中国人都有一个属性，这是我国传统计算年龄的方法，即子、丑、寅、卯、辰、巳、午、未、申、酉、戌、亥十二个地支符号，各配一个相应的动物属性——鼠、牛、虎、兔、龙、蛇、马、羊、猴、鸡、狗、猪。

　　十二生肖是如何来的呢？有人认为，这是古代华夏民族纪年法与少数民族纪年法相互融合的结果。在尧舜时代就开始使用甲乙丙丁等十个天干符号和子丑寅卯等十二个地支符号，本来没有以动物配地支的纪年法。而我国西部和北部的少数民族长期过着游牧生活，很多事物都用动物来表示或指代，创造了以动物来纪年的方法，在汉代，两者相互结合产生了十二生肖。也有人认为，中国古代有十二辰的概念，把黄道附近的天空分成十二等分，由东向西配以十二支，用于纪年。由于古时候图腾崇拜的影响，人们总是习惯于把各种自然现象同动物形状或别的神奇的东西联系起来，从而形成了十二生肖。

　　还有人认为十二生肖并不是产生于中国，而是由印度传入的。比较印度的十二生肖，只是狮子在中国改作了老虎，金翅鸟在中国改作了鸡。

　　关于十二生肖在民间也有许多传说，例如，传说轩辕皇帝要选12个动物担任宫廷侍卫，动物纷纷报名，猫让老鼠代替自己报名，老鼠第一个把自己报上了，却没报猫，所以十二生肖中没排上猫。民间故事很难令人相信，但如果说这十二种动物是古代部族崇拜的图腾，还是有一定可信度的。

地外文明是否光临过泰山

泰山被称为"五岳之首"，它不仅是当今著名的旅游胜地，而且自古以来围绕它的传奇故事颇多。

"泰颠来宾"和"山出器车"这两则记载分别来自《墨子》和《礼记》。假如这两则关于古代所谓神秘而能预示"祥瑞"事件的记载不完全是古人虚构出来的，那么它们可能意味着，一种来自宇宙深处的地外文明在人类史前时代或许访问过地球，而且"他们"的"着陆点"之一可能在中国山东省的泰山。

尽管在《墨子》一书中不乏一些荒唐的鬼神之说，但"泰颠来宾"的记载仍颇为值得注意。"泰颠来宾"中的"泰"，应指中国山东省境内的泰山；"颠"，应为"山之顶端"；"宾"有两层含义：一是"客人"；二是"服从"。联系上下文，将"宾"理解为名词"客人"之义似更为恰当。若此则"泰颠来宾"应指有宾客来到泰山之顶。那么这些"宾客"是何许人也？

再看《礼记》中提到的"山出器车"，"器车"应指某种非自然的、人造的交通工具，但又肯定不是当时人类所制造的器具，否则就不会将它与其他神秘事物相提并论。

假如上述两则记载真的与一定的历史事实相关联，一种可能的也是最大胆的假设是：在人类史前的远古某个时代，一种来自遥远宇宙深处的地外文明曾经访问地球，其"着陆点"之一是中国的泰山，着陆时使用了专门的工具，也许类似于人类登月时使用的月球车。当时曾有人目睹了这一事件，于是对这一史实的记录初期是古代先民一代代口头相传，最终形成了"泰颠来宾"和"山出器车"如此简略的文字记载。

从另一方面来看，地球的年龄是大约46亿年，人类的祖先在地球上已至少生存了300万至500万年，而人类进入文明社会只不过约短短的5000年时间，因此假如有某种地外文明真的访问过地球，从时间尺度来说，这种"事件"发生在人类史前时代的概率要比发生在人类进入文明时代以后的概率高出约1000倍。

可以考虑为支持上述假设的一个因素是，泰山具有独特而引人注目的自然地理景观。它矗立在海拔百米左右的滨海平原上，主峰海拔高度虽然只有1533米，相对高度却达1400多米。就如一些关于泰山的资料中所形容的："山势突兀挺拔，上接云天，下临平川，俯视黄河，远望大海，有拔地通天之势，擎天捧日之姿，形象伟岸高大。"所以假如地外文明选择泰山作为着陆和勘察地球的地点，也可说是在乎"情理"。

地外文明是中外科学界正在坚持不懈地探索的课题，对是否存在地外文明这个根本性问题尚有争论。由于太阳系与银河系中其他恒星系统之间的距离极其遥远，就算是地外文明访问过地球，但"他们"到底是从哪里来，怎样来的？这些都还是费解之谜。假如"泰颠来宾"和"山出器车"真的记载了一次发生于远古的地外文明访问地球事件，我们还应该找到那次事件与现代宇宙学、天文学、航天学、考古学等相关研究结果的衔接之点。

传说中被唐玄宗宠爱过的梅妃确有其人吗

梅妃是我国历史上广为流传的人物，传说她是唐玄宗的宠妃。她的《东楼赋》和《一斛珠》广为后人所传诵。

有史料记载，梅妃本姓江，名采苹，福建莆田人。她长得娇小柔媚，面容俏丽，聪慧贤淑。唐玄宗贴身大太监高力士出使闽越，发现了她，把她献给了唐玄宗。"安史之乱"后，梅妃不知所终。玄宗回京后，曾悬赏百万寻访梅妃下落，没有结果。据说，后来在华清宫汤池边的梅树下，找到了梅妃的尸

△ 唐玄宗

骨，刀痕为证，梅妃是为乱兵所杀。玄宗号啕大哭，以皇妃礼仪安葬了她。

有关梅妃的事迹，莆田自宋修志开始，地方史志皆有记载，主要有宋代赵彦励《莆阳志》、宋代李俊甫《莆阳比事》、明代何乔远《闽书》，明代黄仲昭著福建第一部省志《八闽通志》，以及明、清《兴化府志》与《莆田县志》、《福建通志》等著述。

在梅妃的家乡——蒲田东边的黄石镇江东村，也有一座壮丽的"浦口宫"，就是为梅妃而建。宫中大殿上端坐着梅妃塑像，神龛上方的横幔上，绣着"江梅妃宝帐"五个大字。

如此多的传说、典籍、文物、风俗似乎足以证明梅妃的存在，但是鲁

迅、胡适、郭沫若、林恭祖等许多文学泰斗，却对"梅妃"的有无提出了质疑。因此，梅妃有无其人的争议一直持续至今，并被列为中国文化之谜。

否认梅妃是真人真事的，主要提出了几点疑问。

其一，据《梅妃传》记载，高力士使闽发现梅妃，献给了唐玄宗，但新旧唐书都没有高力士使闽的记载。

其二，据史料分析，一切有关梅妃的记载，都出自《梅妃传》。而《梅妃传》的作者、传抄者并不确切。特别重要的一点，在权威的唐史《旧唐书》、《新唐书》上，没有记载梅妃的只言片语。梅妃事迹只见于《开元天宝遗事》、宋邑人李俊甫《莆阳比事》著录，刘克庄亦有咏《梅妃》诗，但这些并没有多少说服力。再看唐史上的后妃，特别是关于杨贵妃的记载，巨细不遗，怎么连她的"情敌"梅妃的事，一点也不提及呢？只可能是梅妃并无其人。

其三，《梅妃传》跋文提到的叶少蕴，是北宋末期人，作跋就是作者，由于年代不相及，可见《梅妃传》是南北宋人伪作，梅妃很有可能是虚构人物。

其四，从地理演变看，莆田地处沿海，据旧县志载，在梁陈时代（公元六世纪）海潮涨时可以涌到南山麓广化寺前、西门外之泗华陂前和黄石东北的大龟屿附近，所以唐明皇在位的时候（712～756），江东村这个地方可能还不曾存在。

其五，据当地民间传说，江采苹是个放鸭女，与《梅妃传》所描述的能诗善赋的梅妃相去甚远，也可能此梅妃非彼梅妃。

历史上到底有没有梅妃这个人？她到底是不是唐玄宗的宠妃？《梅妃传》是真实记载还是作者杜撰，请后人继续猜测吧。

孟姜女哭长城是真人真事吗

　　"孟姜女哭长城"是中国四大民间传说之一，可谓是家喻户晓、妇孺皆知。劳动人民借这个传说，控诉了惨无人道、摧残幸福的暴政，歌颂了坚贞不渝、感天动地的爱情。

　　这个传说是否与史实相符，历史上是否有孟姜女其人在史学界引起了争议。

　　有人说，孟姜女哭长城的故事纯属虚构，特别是不可能发生在秦朝，因为山海关长城修建于秦朝以后，秦始皇时代修筑的长城，距山海关北面数百里。既然当时当地并无长城，哭长城之事自然是子虚乌有。

　　有人说，这个传说是由一段史实加工演变而成的，它的原型就在山东淄博，来源于杞梁妻的故事。杞梁妻的故事最早记载在信史《左传》襄公二十三年里。前550年秋，齐庄公姜光伐卫、晋，夺取朝歌。前549年，齐庄公从朝歌回师，没有回齐都临淄便突袭莒国。在袭莒的战斗中，齐国将领杞梁、华周英勇战死，为国捐躯。后来齐莒讲和罢战，齐人载杞梁尸回临淄。杞梁妻哭迎丈夫的灵柩于郊外的道路，相传她哭夫十日，城墙为之崩塌。这段故事确为是真人实事。虽无后来"哭夫"、"城崩"、"投水"等情节，主要是表现杞梁妻大义凛然的刚烈性格，但其反对战争、热爱丈夫的主体框架已隐隐显现。

　　由此可见，孟姜女哭长城的故事，是在长期的文化演变中逐渐丰满起来的。墙倒也是真事，但哭与墙倒之间肯定没有必然联系，只是一个巧合。

"桃花源" 在什么地方

　　东晋诗人陶渊明的《桃花源记》一直被人们广为传颂，人们在欣赏陶渊明优美文笔的同时，也深深陶醉在文中所描绘的世外桃源里。在战乱纷争的时代，能有这么一片怡然自得的幽静乐土，真是让人不敢相信。唐代古文运动的领袖人物韩愈就公开表示所谓的桃花源是荒唐之言，著名诗人王维也说陶渊明写的是神仙境界，而非世俗之物。

　　虽然大部分人都认为桃花源是一个空想社会，但也有文人相信它是实情实景。宋代大文豪苏轼就是这其中的代表人物。也有现代学者提出，《桃花源记》记载的事情发生在"晋太元中"，也就是公元376年至396年，而陶渊明生于公元365年，死于公元427年。依照时间来看，所写的内容正是和他本人属于同一时代，因此极有可能是真实的；从文学风格看，在古代也只有神话和传说才会被用来记录虚构的故事，晋代的诗歌、散文均属于写实的文章类型，也没有任何史籍和记录表明陶渊明开辟了虚构散文的文风先河，而晋代也没有出现过任何其他的纯虚构作品。因此文学家们普遍认为，从我国文学发展的历史事实来看，《桃花源记》无疑是一篇写实之作；另一方面，根据古籍记载，《桃花源记》中所提到的太守、南阳刘子骥和以捕鱼为业的武陵人，均是晋太元中时代的真实人物，这也为故事的真实性增添了砝码。

　　这个千百年来广为世人追慕的桃花源究竟是人间实景还是理想寓言呢？史学家们展开了一条漫长的寻找桃花源之路。

　　我国现代史学权威陈寅恪先生认为，《桃花源记》中的内容虽有寓意的部分，但也是以纪实为基础的。他指出，根据古籍考证，陶渊明在《桃花源记》中使用的素材，是417年刘裕北伐时的听说的故事。传说秦王在位时暴乱连连，人们每天都提心吊胆地过着日子。北方有一群人为了躲避这种不见天日的生活，进入了一个名叫"皇天源"的地方，从此远离战乱与纷争，过上了幸福安宁的日子。陶渊明听到这个传说后，想到自己所处的社会也是硝烟四起，于是有感而发，创下了《桃花源记》这篇千古佳作。"皇天源"即古"桃林"，又名桃源，在今天的河南省内乡县。陈先生也由此推断，内乡县应该就是当年桃花源的所在地。他将自己的这些看法写在《桃花源记旁证》中。

《桃花源记旁证》一经发表，就引起了史学界的重大争论。文史专家唐长儒先生不同意桃花源位于内乡县的说法。他认为不能因为"桃花源"和"桃林"的名字相像而认定它们是同一个地方；如果说文章内容出于虚构，那么便失去了桃花源考证的意义；就算文章内容不是完全出于虚构，我们也没有充足的理由把桃花源的具体位置从文中本来的南方移到位于北方的河南。

还有人按着《桃花源记》中所说"武陵"去探索桃花源的所在。武陵，在今天的湖南省西北部，位于沅江下游，宋乾德元年被命名为桃源县。这里的风景与陶渊明的文字中描写得一模一样：遥望着滔滔的沅江，背倚着巍巍的山峰。沿着桃花溪水前行，眼前出现一大片桃花林，"中无杂树，芳草鲜美，落英缤纷"。

根据历史记载，这里早在汉代就以风景优美而广富盛名。在北周时代，人们发现这里与陶渊明笔下的桃花源十分相似，就将这里改名为"桃花源"，并逐渐开始建造游览区。然而，时过境迁，当年的建筑都在历史的长河中被淹没。清朝光绪年间，桃源县的县令余良栋在这里重新修建了陶渊明的祠堂，并沿山建造了亭台楼榭，借此缅怀这片人们心中的乐土。

在桃源县一直流传着人们如何筑建起桃花源的传说。据说最早来到这里的只有一男两女共三个人。唯一的男子名叫李立，年轻的女子名叫郭嫂，还有一位不知道姓名的无依无靠的老妈妈。当年秦始皇为了修建长城不停得从各地强抓壮丁，又从民间大肆搜刮财富，还强抢年轻女子进宫。三人为了逃离悲惨的命运轨迹，找到这片世外净土，一起组成了家庭，生儿育女，就这样渐渐形成了村落。正是由于这个村子是这样三个姓氏不同的人共同建造的，所以人们就将这村子叫做"三合村"。

虽然湖南省的桃源县并不一定是桃花源的真实所在地，但是或许是因为在这里人们能真实感受到陶渊明笔下的桃源风景，所以现在人们普遍认为桃花源的原型就在这里。

虽然文史学家的争论一直并没有停止，对于桃花源的位置至今为止也没有得出统一的看法，但是这并不影响"桃花源"在人们心目中的地位。千百年来，它已经成为人人皆知的和谐社会的代名词。

正是因为桃花源象征着美好幸福的生活，全国各地出现了许多以"桃源"命名的地方。湖南湘西的桃源县、福建龙溪的桃源墟、江苏涸阳的桃源峰、浙江金华也有桃源洞、山东曹县的桃源集、重庆酉阳的桃源洞、安徽的桃花源等。这些名字都表现出人们对幸福生活的向往和热爱。但是满眼遍是桃花开，我们也难辨真正的桃源何所在。

其实，寻找了那么久，虽然一直没有找到陶渊明笔下的那处桃花源，但人们本着对幸福生活的追求，不断美化着自己生存的家园，真正的桃源在哪里似乎已经不是那么重要了。

岳阳楼是何人建造的

岳阳楼是我国久负盛名的古迹之一，它坐落在湖南省岳阳市西城门，东倚金鹗山，西临洞庭湖，地理位置极佳。

到公元1044年滕子京谪守巴陵郡，重修岳阳楼，增加旧制，同时将游览过岳阳楼的名人一一列上名单做成石刻，并邀请当时著名的政治家、文学家范仲淹撰写《岳阳楼记》，其中"先天下之忧而忧"表现出"以天下兴亡为己任"的高尚情怀，千古传流，此后，岳阳楼更是声名大噪。

岳阳楼是什么时候建的，是谁主持建造的说法不一。

相传，岳阳楼所在之处为三国时吴国大将鲁肃在洞庭湖操练水兵时的阅兵台。据始料记载，岳阳楼始建于唐，北宋年间重修和扩建。岳阳楼的建筑很有特色，整个建筑没有用一颗铁钉，一道横梁，这在祖国古典建筑史上是极为罕见的。是谁有如此高超的技艺呢？史料上并无确切记载。

据民间传说，唐开元四年张说贬到岳州后，决定张榜招聘名工巧匠，在鲁肃阅兵台旧址修造"天下名楼"。有一位从潭州来的青年木工李鲁班，手艺高强，擅长土木设计，被张说相中。张限李木匠在一个月内设计出一座三层、四角、五梯、六门、飞檐、斗拱的楼阁图纸。谁知李鲁班摆弄了一个月的时间，设计出来的图纸只是一座过路小亭。张说很不满意，再限七天时间，一定要拿出与洞庭出水形胜相得益彰的有气派的楼阁图纸。

正当李鲁班一筹莫展时，一位白发老人走了过来，问清缘由，便把背的包袱打开，指着编有号码的木条说："这些小玩意儿，你若喜欢，不妨拿去摆弄摆弄，或许会摆出一些名堂来。若是还差点什么，就到连升客栈来找我。"李鲁班接过来，摆了又撤，撤了又摆，果然构成了一座十分雄壮的楼型。大家十分高兴，都说是祖师爷显灵，向白发长者道谢。老人说自己是鲁

班的徒弟，姓卢。后来，老者在湖边留下了写有"鲁班尺"3字的木尺，一阵风后不见了。工地上人群纷纷跪下，向老者逝去的方向叩头不止。不久，一座新楼拔地而起，高耸湖岸，气象万千。

这一巧夺天工的艺术精品令今人都叹服不止，然而岳阳楼的建造者究竟是哪位高人却已经成了一个悬念，至今甚至是解不开的谜。

珠穆朗玛峰变矮之谜

珠穆朗玛峰简称珠峰，又意译作圣母峰，尼泊尔称为萨加马塔峰，位于中国和尼泊尔交界的喜马拉雅山山脉之上，终年积雪，是亚洲和地球第一高峰（太阳系最高峰是海拔27000米的火星奥林匹斯山）。珠穆朗玛峰一向是被誉为地球第三极的高峰，高8844.43米，在小学地理课本里也早就有关珠穆朗玛峰的标准描述："珠穆朗玛峰由于处于印度板块与欧亚板块的碰撞地带，每年依然以1厘米的速度'长高'"，但是令人惊讶的是，据科学家监测，事实并不是这样的，珠穆朗玛峰的高度目前正在逐年下降，在过去的33年里，它的高度下降得惊人。

据记载，早在1966年，中国第一次成功测量珠峰的雪面高度值为8849.75米。1975年，科学家测出珠峰峰顶雪面的高度为8849.05米，减去当时测量得到的峰顶0.92米的雪深，得出珠峰高度为8848.13米。2005年5月22日，中国重测珠峰高度，测量登山队成功登上珠穆朗玛峰峰顶，再次精确测量珠峰高度，珠峰新高度为8844.43米。

随着测量技术的不断进步与完善，我们的测量手段和技术也越来越精准。过去三十余年里，中国科学家利用天文、重力、激光测距、GPS等先进的技术手段，对珠峰的高程值进行了先后六次越来越精确的测量。1992年，科学家所测得的珠峰雪面高度的最终计算值是8849.04米，而1999年第五次观测的结果则下降为8848.45米。1999年的观测值和1966年相比少了1.3米，2005年测得高度为8844.43米，又比1999年减少了4.02米。所有的这些测量资料显示，珠穆朗玛峰的确是在逐年变矮。

那么，珠穆朗玛峰变矮的原因是什么呢，被誉为亚洲和地球第一高峰的珠峰怎么会变矮呢？这个问题引来了许多科学家们的关注，他们期待早日找到珠穆朗玛峰变矮的原因。

有的地质学家认为，珠峰变矮的原因可能是印度板块和欧亚板块的运动发生了变化导致的。由于印度板块仍在向北推进，仍然是形成青藏高原及其周围地区强烈变形的主要动力来源。而且珠峰地区在印欧板块推动下的整体抬升过程中呈波浪式的起伏，上升的速率并不是均匀恒定的。虽然科学家得出了珠峰地区上升的速率不固定的结论，但却恰恰说明了珠峰抬升的趋势没变。

也有人提出异议，他们认为珠穆朗玛峰变矮的原因不是板块之间挤压造成的，而是由于气候变化导致的。珠峰顶部在短期内降低如此剧烈，肯定不是地壳运动的结果，只能从冰川对气候的影响去解释。他们提出，由于全球气温上升，加速了珠峰顶部的积雪由雪到冰转化的过程，冰川的密实化过程加快，从而导致冰面的降低。实际上，从1992年开始的珠峰顶部急剧降低时期，正好对应于气候急剧变暖时期。但是全球气温总体来说从1966年到1975年是冷期，20世纪70年代到1992年之间既有冷期又有暖期，所以按照每一年的气温与珠峰下降幅度一一对应有困难。想得到更确切的结论，必须有珠峰每年冰雪层的厚度变化和气温变化的详细数据，完整地取得这些数据目前还有困难。

甚至，还有人提出冰雪密实可能是导致珠峰变矮的罪魁祸首。"密实化"是指一个积雪转变为冰层的过程，它有两种物理机制：一种是在气温高的情况下，雪在白天化成水，晚间气温降低，再变成冰；另一种就是雪层不断变厚，底层雪在不断增加的压力之下变成冰。如果气温升高，雪变成冰的速度就会相当快。但是珠峰峰顶常年温度都在零摄氏度以下，所以绝对不可能是降雪先溶解成水再冻成冰。珠峰顶部积雪的密实过程无疑是第二种密实过程。虽然珠峰顶的积雪不会融化成水，但气温升高仍可以加速密实化过程，而变成冰后冰层的厚度相对于原来雪层的厚度是减薄的。假如从前20年的积雪才能变成冰，温度升高后密实速度加快，现在可能只需10年或者5年雪就会变成冰。可是一个"密实化"却并不能彻底揭开珠峰"变矮"之谜。科研人员指出其实积雪密实过程中有很多细节说不清楚。比如温度升高时，到底有多少雪融水的残余就无法观测计算，一点没有融化的干雪和略有融化的湿雪压实过程也并不一样。气温升高后，雪片晶体之间有一点轻微的融水残余都会加速密实化过程，但就珠峰顶上总体积雪来说是不会发生融水的。

那么，珠穆朗玛峰上的积雪厚度到底是多厚呢？科学家们也对此纷纷探讨。1975年我国科学家测量珠峰峰顶的雪深是0.92米，可是意大利登山队用测杆观测到的雪深数据是2.5米。据此，相关研究人员认为使用普通的办法是不能测得雪的真正厚度的，更不要说冰的厚度。他们提出珠峰顶部冰雪厚度要远大于2.5米，可能在10米到几十米之间。经过研究，得知珠峰顶部以岩面为主，如果将雷达放置在冰雪层上，向下发射电波，可以检测出冰雪层的确切厚度，但由于条件限制，从来没有人将雷达背上珠峰进行测量。此外在峰顶的冰雪层上用冰钻钻至底部，也可测出冰雪层的确切值，但也没人做过此类测量，所以珠峰顶部的冰雪层的具体厚度依然是个谜。

那么，珠穆朗玛峰变矮会不会是珠峰顶部冰雪层有物质损失造成的呢，可又是什么物质损失了呢，又是什么原因造成了这种物质的损失呢？对此，有关的研究人员提出了自己的假设：由于珠峰顶部不是一整条冰川，长期的气候演变，使珠峰顶部冰雪形成了一个相对稳定的层面，近三十几年气候变暖，这一层面经过密实化后降低得比较快。珠峰顶部出现降雪后，大风吹雪的情况会经常出现，特别到了风季，风速每秒高达到三四十米，所以降雪难于在珠峰顶部积累。只有天气稍好、风速较小时，才会有一点积累，大部分降雪还是会被风都吹走。这或许能解释峰顶物质流失的问题，但是这种说法仅仅是一种假设，并没有找到真正的科学证据来证明这种假设的正确性。

目前，对于珠穆朗玛峰的高度变矮的问题的研究还在继续进行着，解开珠穆朗玛峰变矮的原因还有待于科学家们的进一步研究。

太湖成因之谜

　　美丽的太湖位于风景如画的江苏无锡，是我国长江中下游五大淡水湖之一，湖南岸为典型的圆弧形岸线，东北岸曲折多湾，湖岬、湖荡相间分布，以湖岸计算的湖泊面积为2427.8平方公里。太湖实际水面面积为2338.1平方公里，湖岸线总线405公里。平均水深1.89米，从湖底地形可见湖盆的地势是由东向西倾斜，湖盆形态呈浅碟形。太湖是平原水网区的大型浅水湖泊，湖区号称有48岛、72峰，湖光山色，相映生辉，其有不带雕琢的自然美，有"太湖天下秀"之称。

太湖的水域形态宛如佛手，作为江南的水中心，以其蕴藏丰富的资源孕育了流域内人们的繁衍生息，自古被誉为"包孕吴越"。历代文人墨客更是为之陶醉，留下了许多脍炙人口的诗句。太湖风光秀丽，物产富饶。附近的长江三角洲向来是中国的鱼米之乡。这里河网纵横，湖泊星罗棋布。春天到来时，菜花金黄，稻身透绿，小舟在河湖荡漾，采桑姑娘在桑园里忙着采摘桑叶，一幢幢粉墙灰瓦的房舍掩映在茂林修竹之间，到处一片生机。然而，就是这样一个全国闻名的太湖，于它的成因，一直到今天还争论不休。

关于太湖的形成有很多说法，首先有一个是孙悟空大闹蟠桃会的传说。在很久很久以前，王母娘娘要做寿了，玉皇大帝就叫四大金刚抬去了一份厚礼。王母娘娘看见后，高兴得连嘴都合不拢了。原来玉皇大帝送的是一个大银盆，里面有七十二颗特大的翡翠，而且还有千姿百态的各种五色玉石雕凿的飞禽走兽，简直是个聚宝盆！为了这聚宝盆，王母娘娘决定开个蟠桃寿会，邀请各路神仙来开开眼，热闹一番。果不其然，前来祝寿的神仙们都对银盆赞不绝口。恰在此时，弼马温不请自来——由于王母娘娘的不屑一顾，齐天大圣孙悟空发了脾气，大闹天宫。他见一样打一样，当他看见玉帝送的这只大银盘时，也不管三七二十一，一棒打了下去。银盆便从天上落下来，跌到地上砸个大洞，银盘便化做白花花的水，形成了三万六千顷的湖。因为此湖是从天上掉下来的，"天"字的上面一横就落在下面成为一点，也就是"太"字，所以此湖就叫做"太湖"。七十二颗大翡翠就成了七十二座山峰，散布在太湖中。玉石雕刻的飞禽走兽，则变成了鱼类、虾类、螃蟹等水产，以及鸳鸯、野鸭、天鹅、鸥鹭等水鸟。本来天上的大银盘是圆的，因为挨了齐天大圣的一棒，变了形，这就是现在太湖为什么不圆的原因。

当然，传说毕竟是传说，不具有科学的真实性。近年来，随着对太湖地区地质、地貌、水文、考古和文献资料等方面的不断研究，对太湖成因的探究已经又有了新的发展。有人对太湖论中所存在的问题提出了质疑，认为在海水深入古陆腹地的过程中，虽然一边冲刷，一边沉积，但这种情况对于整个古陆地来说是不平衡的，有的地方确有太湖地貌的沉积，但它不具有整体意义。可是人们在翻阅一本叫《吴中水利记》的北宋时期的古书时，发现书中记载着：在北宋神宗八年（1075年），太湖地区发生大旱，太湖水位下降到了以往从来没有过的位置。这时人们发现，湖边数米干涸的湖底上，竟然露出了古代居民留下的坟墓和村庄的街道，一根根已经近于腐烂的树桩仍然立在湖中。人们还在太湖的湖底找到距今六千年至一万年前古人类石器时代的遗址。于是，又一种假说出现了。人们推测，大约在六千年到一万年前，太湖地区是一片低平的平原，人们曾经在这里生活和居住过。由于地势较低，终于积水成湖，人们还没有来得及搬走他们的家当，就被洪水淹没了。

最近，一批年轻的地质工作者用全新的观点解释了太湖的形成。他们大胆地假设，可能是在遥远的古代，曾有一颗巨大无比的陨石自天外飞来，正好落在太湖的位置上。也就是说，偌大的太湖竟然是陨石砸出来的！他们估计，这颗陨石对地壳造成的强大冲击力，其能量可能达到几十亿吨的炸药爆炸产生的能量，或者等于一千万颗在日本广岛上空爆炸的原子弹的能量。

另外，还有人提出"泻湖说"，这种说法一直占据着主导地位。早在20世纪初，我国地理学家丁文江与外国学者登施丹就著文认为，是大江淤积导致了太湖的形成。著名的地理学家竺可桢与汪湖桢等则提出了泻湖成因论，即以后广为流传的太湖经"海湾—泻湖—湖泊水网平原"的演变模式而成。这一学说认为，六千年前长江口还在镇江，海岸线还在奔牛、溧阳、宜兴、吴兴一带，以后由于长江南岸沙嘴、钱塘江北岸沙嘴和东部海岸沙堤合围封淤，出现"泻湖"，才逐渐形成了碟形的太湖平原。然而，泻湖说虽然可以解释太湖平原的地形、地质上的海相沉积，却无论如何不能解释另一个更重要的事实：太湖平原上的一百多处新石器文化遗址，如果是分布在半咸水的"泻湖"之中的话，那么当初先民们又是怎么生活的呢？

"三山岛人"的发现，推翻了这一说法，在客观上有力地支持了"非泻湖说"。"非泻湖说"认为，东、北、南三面为沙岗和沙嘴所包围的太湖平原，是一块古陆，而不是一个海湾泻湖。近年来，历史地理学研究的进展和一系列新的考古发掘，为此提供了越来越多的证据。

三山岛旧石器遗址的发现，就进一步证实了这一判断：三山岛以石灰岩为主，是三亿到二亿五千年以前海底沉积的水成岩，含有多种古生物化石

等，以后约在六千年前，被海洋泥沙沉积包围，淡化水质而泻成湖泊。

三山清风岭旧石器遗址位于岛的湖滨，相对湖面高程不过一米左右，含石制品的文化层就在表土层下，据初步估计石器年代为距今一至两万年之间。现在太湖湖底高程为-0.25米。一万年前即使更低些，也绝不可能是一个后来被封淤合围成泻湖的海湾。三山的化石动物群也证明当时的气候要比现在寒冷，而且三山周围环境呈疏林草原地貌，因此一万年前三山、西山、东山等都应和陆地连成一片，也许在最洼处会有一些积水，但绝不会有浩渺的太湖。三山遗址的发现再一次证明关于太湖成因的泻湖说是不能成立的。太湖平原是一块古陆，早在大陆冰期就已成陆地并有人类在这里生活了。

距今一万至七千年间，太湖地区气温继续升高，但年平均温度仍比现在低1~2℃，气候温凉略干，海平面继续上升，在距今八千年时达到今海平面下二十米左右，沙岗和沙嘴也尚未形成，因此可以断定，古太湖这时还没有形成，太湖古陆不可能是一个海湾，更不会是一个泻湖。

目前对太湖的成因还没有形成统一的认识，但所有这些不同的观点，均有助于推动人们作进一步的调查和研究。随着不断的深入研究，人们最终一定能揭开扑朔迷离的太湖成因之谜。

黄土高原的形成之谜

许多曾到中国探险的外国科学家走进黄河中上游的陕西、山西、甘肃等地的时候，都被那里黄土高原的壮观景色惊呆了。他们都说，那是一个地球上绝无仅有的黄土世界。

在20世纪30年代，美国记者埃德加·斯诺曾在他的《西行漫记》中，对我国的黄土高原作过下面一段精彩描述："这一令人惊叹的黄土地带……这在景色上造成了变化无穷的奇特、森严的形象——有的山丘像巨大的城堡，有的像成队的猛犸，有的像滚圆的大馒头，有的像被巨手撕裂的岗峦，上面还留有粗暴的指痕。""那些奇形怪状、不可思议、有时甚至吓人的形象，好像是个疯神捏就的世界——有时却又是个超现实主义的奇美的世界。"

在欧洲，德国的莱茵河两岸，中欧的多瑙河一带，以及北美密西西比河等地也有不少黄土分布着。为什么黄土高原会带给这些见多识广的科学家有如此大的震撼呢？

原来，中国的黄土高原不仅在面积大，而且还很厚。它东起河北、山西交界的太行山，西到甘肃的乌鞘岭，南到秦岭山脉，北到长城一线，面积达40余万平方公里。黄土高原上黄土的堆积厚度约有五六十米厚，在陕西、甘肃的一些地方，可以找到一二百米厚的黄土层。如此厚的黄土层在国外是找不到的。

那么，这么大范围分布的深厚黄土层到底是怎么来的呢？至今科学界对这个问题还在争论不休。

一种学说认为，黄土是由当地岩石风化造成的。他们认为，因为地质时代久远，加上风化过程很长，天长日久，就会使岩石逐渐风化成粉末，便形成厚厚的黄土堆积。这种学说受到不少学者的反对：他们认为，如果按照上述意见，黄土高原上的黄土应该遍地皆是，但是事实上，黄土高原上超过一定高度以上的山峰并没有黄土堆积，这些山峰像一座座岩岛，屹立在茫茫的黄土海洋之中。

另一种学说认为，黄土应该是流水挟带的泥沙堆积而成。而反对这种学说的学者认为，根据他们调查，在黄土高原上，那些几十米厚的黄土层中，几乎看不到明显的流水层次。

需要指出的是，这里所说的黄土并不是我们心目中那种一般的"黄色的土"。黄土高原上黄土的地质又细腻又均匀。黄土颗粒的大小只有一毫米的几十分之一。厚厚的黄土层中，上上下下看不出明显变化。

而近些年来，科学家比较一致的看法是黄土风成学说。也就是说，黄土高原的黄土是大风吹送、堆积而成的。

最早提出风成学说的科学家们根据亚洲大陆内部戈壁、沙漠和黄土的分布情况，画了一幅想象的地图。地图的中央部分是砾石遍地的戈壁，向外

是几大片有名的沙漠，即前苏联境内的卡拉库姆沙漠，中国境内的塔克拉玛干沙漠、巴丹吉林沙漠、腾格里沙漠等，再向外就是广布于我国黄土高原上的黄土。地表物质由中央向外围，由砾石到沙粒再到黄土细粒，表现出明显的地带规律。因此，他们认为黄土在漫长的地质时代里，亚洲中心地带的戈壁、沙漠地区吹来的风，把那里的细土带到这里来的。

这个学说一经提出以后，因为还没有更多过硬的证据，所以起初并没有多少人支持它。说一百多米厚的黄土层是风吹来的，怎么能让人相信呢？直到中国科学家们近二三十年做了大量的科学研究工作，找到了可靠的科学依据之后，黄土风成说才渐渐被公认了。

那么，中国科学家们是依据什么判断的呢？

第一，在黄土里找出古代植物遗留下来的孢子和花粉，并且进行了鉴定。根据这些植物种类，明确地证明了当年黄土高原时的气候环境确实是一种干燥而又寒冷的气候。

第二，在显微镜下对黄土中的细沙进行观察，发现这些很小的沙粒表面上没有流水摩擦的痕迹，倒像风力搬运的结果。科学家们还在黄土高原上，采取不同地区的黄土土样，测定颗粒的粗细，结果是越接近西北沙漠，颗粒越粗，越向东南，颗粒越细，很有说服力地证明黄土是从西北沙漠地区吹来的。

第三，有的学者还利用近代气象学的知识恢复当时的亚洲大气环流状况，提出那时的风向是有利于黄土搬运的。

黄土的形成起码经过了一百多万年，在最近二三万年前达到最高峰。到了有文字记载的历史时期，黄土的形成过程仍然没有结束。我国古代许多历史书籍中多次记载的"雨土"现象，就是黄土搬运堆积的实证。

以上的诸多证据是否足以说明黄土高坡的形成原因呢？今后会不会还有其他的观点相继而出，我们只能拭目以待。

鄱阳湖是中国的"魔鬼三角"吗

鄱阳湖是中国最大的淡水湖，古称彭蠡泽、彭泽或彭湖，在江西省北部，汇集赣江、修水、鄱江、信江、抚江等水经湖口注入长江。湖盆由地壳陷落、不断淤积而成，形似葫芦，南北长110公里，东西宽50～70公里。北部狭窄仅5～15公里，低水位（14～15米）时湖水面积为3050平方公里，高水位（21米）时为3583平方公里。但低水位（12米）时仅500平方公里，以致"夏秋一水连天，冬春荒滩无边"，使数百万亩湖滩地不能大量耕种，还易孳生草滩钉螺。

在雨季来临的时候，鄱阳湖碧波千顷，天水相连，渺无边际。在它的北部，有一处令当地渔民和船工闻风丧胆的神秘三角地带，这便是被称为"魔鬼三角区"的老爷庙水域。

老爷庙水域位于鄱阳湖区的江西省都吕县，南起松门山，北至星子县城，全长24公里。在湖东岸上有一座破旧的庙宇，称老爷庙——水域由此得名。

相传元末年间，朱元璋与陈友谅在鄱阳湖展开决战。一次，朱元璋遭受困顿逃亡，遇上一老神仙。老神仙便派遣一只乌龟将朱元璋救至老爷庙处。朱元璋从此时来运转，后来终于打败了陈友谅，当上了皇帝。当地的老百姓为了感谢救人命的乌龟，便在湖岸边一高地建起一座庙宇，称"老爷庙"。

也有另一种传说：在元代时，这里有只巨龟经常兴风作浪，掀翻过往船只。为求平安，人们在湖旁建了一座庙宇，就是老爷庙。

然而几百年来在这里葬身鱼腹的生命却不计其数，仅自20世纪60年代以来，该水域已有一百多艘船只神秘般地葬身湖底，数十位船工的生命被狂暴的浊水吞噬。仅1985年就有二十多条船只遇难，死伤四十余人，因此人们把该处称为"魔三角"。

自从老爷庙建起以来，船行此地，渔民们便站立船头，遥望着老爷庙，宰杀随船带来的公鸡，用鸡血滴于湖水之中，以祭乌龟。不宰杀公鸡或不烧香拜佛者，将遭到船没人亡之灾，从此历史上就形成习俗。然而烧香磕头、宰杀公鸡等并未改变渔民们的悲惨命运，沉船翻舟之事依然从未间断过，而且日趋频繁，老爷庙水域对渔民来说简直就是"鬼门关"。

有一起意外事件引起了人们的注意。20世纪70年代中期，曾有人在鄱阳湖西部地区黄昏时，目睹一块呈圆盘状的发光体在天空游动，长达八九分钟之久。当地曾将此情况报告上级有关部门，而有关部门亦未做出清楚的解释。

有人猜测，是因为"飞碟"降临了老爷庙水域，像幽灵般在湖底运动，才导致沉船不断。问题似乎越变越令人不可捉摸，令人费解。然而，"魔鬼三角"之谜究竟是什么，湖水底下到底有何种鬼怪出没？已成为亟待解开的谜团。

究竟为何这里多灾多难呢，难道真的是飞碟降临，还是湖底下面有水怪在作怪？为解开这个奥秘，许多气象、地质科研人员亲自来到此地进行实地勘察与研究，希望解开鄱阳湖"魔三角"之谜。

经过对鄱阳湖的气象观测，对得到的气象资料进行研究发现，在历史上这块水域的大风就十分频繁。这与20世纪70年代"飞碟"的传说没有关系。那么，老爷庙水域的大风何以如此之大，且持续时间长？

于是有人认为，鄱阳湖就类似于传说中的"魔三角"的形成原因可能是大风导致的。"老爷庙"水域位于鄱阳湖咽喉要道，中等水位时，水面约350平方公里，该水域上方，是星子到湖口之间，长四十多公里、宽仅3～5公里的狭长水道，西北面是与水道平行、连绵起伏的庐山诸峰，东西两旁及南部，为高低起伏的沙丘，植物稀少，地面开阔，"老爷庙"水域好似一个喇叭口。"老爷庙"全年的大风（≥8级）日数就有163天，平均两天多有一天大风，而且每年都会出现龙卷风，无风不起浪，波浪的冲击力是强大的。经计算，鄱阳湖水面刮6级大风时，也就是属大风日，波浪高达2米。而此时每

△ 鄱阳湖

平方米的船体将遭到6吨冲击力的冲击。也就是说，一艘载重量20吨的船舶，其船侧面积按20平方米计算，波浪对其的冲击力则达到120吨，超出船重量的5倍。在水陆交界处，由于湖面与陆地的热力差异常在水域周围形成积雨云。在陆地上形成的积雨云移到湖边时，也大多沿着湖边移动，因此有不少停泊在港内的船只被雷雨大风打翻。

也有人认为，可能是由于特殊的水文状况导致的灾难。鄱阳湖水域的水文情况也相当复杂。赣江、修河等几股强大的水流在"老爷庙"水域交汇，导致水流紊乱，形成旋涡。"老爷庙"水域是鄱阳湖的咽喉要道，赣、修、信、抚、饶五大水系都要经过这里，注入长江。到了"老爷庙"水域后，水道骤然狭窄，造成水流的狭管作用，使流速逐步增大到1.54～2.00米/秒，且在主槽带还产生涡流，这就更增加了该水域的危险性。

那么，究竟哪个是导致鄱阳湖屡屡出现翻船灾难的主要原因呢？在没有搞清楚之前，大自然的神秘莫测之处让每个人不禁生畏。

长江断流的秘密何在

黄河断流，是近年来常有的事，但令人不可思议的是，水量丰沛的滚滚长江也曾出现过断流现象。据史料记载，长江下游江苏泰兴段先后有两次断流。

第一次断流是在元代的至正二年（1342年）八月。当时正值长江大汛期，泰兴沿江居民惊奇地发现，一夜间长江枯竭见底，人们纷纷下江拾取江中遗物。次日，江潮骤然而至，许多人因躲跑不及时被滚滚而下的江水冲没。

第二次断流是在1954年1月13日，下午4时许，泰兴长江沿岸风沙骤起，天色苍黄，突然之间，大江顿失滔滔，数十只航轮搁浅，江底尽现人们眼前。历经两个多小时之后，江水又突然奔涌而下，水声如雷。

令人惊奇的是，长江两次断流时隔六百多年竟出现在同一江段。在这里，隐伏着一条神秘的大裂谷，它历时久远，纵贯江苏、山东两省。

长江为何会出现断流的现象？这一疑问多年来一直困扰着科学家们。有些人认为此事与神秘的北纬30度有关。在这一纬度上，奇观绝景比比皆是，自然谜团频频发生，如中国的钱塘江大潮、安徽的黄山、江西的庐山、四川的峨眉山……可以说，在北纬30度线附近或在这一纬度线上，奇事怪事，数不胜数。而长江的入海口也处在北纬30度线附近，这一神秘地带究竟有何魔力？长江的断流会不会与其有什么关系？

随着科学技术的发展，相信在不远的将来，科学能彻底揭开这一谜题。

金沙江为何拐弯

金沙江是中国长江上游的名称，一般是指青海玉树县巴塘河口到四川宜宾市岷江口之间的长江上游，而宜宾以下的才被正式称作长江。金沙江全长2308千米，流域面积34万平方千米，落差达3300米。金沙江古称丽水，以盛产金沙而得名。

金沙江和怒江、澜沧江等大河在青藏高原的东北部发源，然后几乎彼此平行的一齐向南流淌，在青藏高原东侧切成几列深邃的平行河谷。而在河谷之间，就是一条大致平行的高山，这就是我国有名的横断山脉。在这三条河流中，金沙江最靠东边。起初，金沙江也是由北向南流的，江面一直平缓宽阔，江面宽达五百米，水流缓慢。可是当流经云南省境内的石鼓村北时，江流突然折转向东，而后又转向北，在只有几千米的距离内，差不多来了一个180°的大拐弯。金沙江流过石鼓村以后，坡度骤然加大，江水在只有几十米宽的深谷中呼啸奔腾，就好像大量的水突然从高处跌落进细细的管子里，江水蓄积已久的势能在这里得不到释放，只好在悬崖壁上来回碰撞，水流一下子变得奔涌澎湃，激起高达六米的巨浪。江两岸，一边是玉龙雪山，一边是哈巴雪山，从江底到峰顶落差三千多米，形成世界上最壮丽的峡谷。这段峡谷就是大名鼎鼎的"虎跳峡"。

那么，金沙江为何要在此拐弯呢？千百年来，万里长江第一弯曾使许多到过这里的旅行者深感迷惑不解，就是世世代代居住在江边的居民们也弄不清这到底是怎样形成的。多年来，这个问题吸引了无数的科学家和地质学家们来此进行实地考察和研究，期望得到答案。

经过相关研究人员对金沙江的河流形态进行研究后，有人提出了一种比较流行的看法，即从前金沙江并没有今天的大拐弯，而是和怒江、澜沧江等一起并肩南流。就在金沙江与它的伙伴们一起南流的时候，在它东边不远处，还有一条河流由西向东不停地流淌着，科研人员给这条河流起了个名字叫做"古长江"。急湍的古长江水不断地侵蚀着脚下的岩石，也不断地向西伸展着。时间一长，终于有一天，古长江与古金沙江相遇了。古长江地势比起古金沙江要低得多，于是滔滔的金沙江水受到古长江谷地的吸引，自然掉头向东。于是，金沙江就成为长江的一部分。这种现象，在地貌学上有一个名词，叫"河流袭夺"。

尽管对这种说法不少人表示支持，但是，也有人提出了异议。他们认为，这里根本就没有发生过古长江与古金沙江相互连通的河流袭夺事件。今天的金沙江之所以会发生这样奇怪的拐弯，只不过与当地地壳断裂有关。可是，金沙江的大拐弯是发生在几十万年以前甚至更早的地质现象，谁也没有亲眼看见过金沙江是如何因地壳断裂而突然转向的。另外，年代又距离我们那么遥远，不管袭夺也好，还是沿着一条断裂带流淌也好，当时留下来的遗迹，已经被无情的风雨侵蚀得面目全非了。

以上的两种观点看似各有道理，但是几经沧桑巨变，金沙江又怎么能耐得住岁月的磨砺呢？无论如何，金沙江在虎跳峡拐弯也正是大自然这位巨星级工匠师经过精心设计打造出的地理奇观，也正是如此，人们才更加对大自然的神奇充满了敬畏感。

天涯海角在何方

在古籍中，有很多关于"天涯海角"的记载，如徐陵《武皇帝作相时与岭南酋豪书》："天涯藐藐，地角悠悠，阴谋诡计面无由，但以情企。"宋朝张世南的《游宦记闻》卷六："今之远宦及远服贾者，皆曰天涯海角。"唐朝的吕岩《绝句》："天涯海角人求我，行到天涯不见人。"唐代王勃在《杜少府之任蜀州》诗中有"海内存知己，天涯若比邻。"白居易也曾在《春生》诗中作"春生何处暗周游，海角天涯遍始休"的著名诗句。但是"天涯海角"究竟是指什么地方呢？

"天涯海角"原意是指偏远的地方，但是后来天涯海角似乎成了"专属之地"。而现今认为"天涯海角"就是位于海南三亚市崖县，那是一对高十多米，长六十多米青灰色巨石，两石分别刻有"天涯"和"海角"字样，意为天之边缘，海之尽头。关于"天涯"和"海角"这两块大石头有一个美丽的传说，传说一对热恋的男女分别来自两个有世仇的家族，他们的爱情遭到各自族人的反对，于是被迫逃到此地双双跳进大海，化成两块巨石，永远相对。后人为纪念他们的坚贞爱情，刻下"天涯"、"海角"的字样，后来男女恋爱常以"天涯海角永远相随"来表明自己的心迹。

1980年第三期的《人民画报》介绍海南风光时曾说："相传海边石上'天涯'两字为北宋文学家苏东坡贬谪海南时所题，现已被辟为'天涯海角'游览区。"在宁山《地理知识》1980年第一期中也说"由于崖县在古代交通闭塞……宋代著名的文学家苏轼曾经被流放到这里，现在这里还保留着苏公祠，祠内有苏东坡的石刻像和数块墨迹碑等"。在那里，不仅有"天涯"、"海角"，还有刻着"南天一柱"的巨石。但是为何将崖县定为"天涯海角"呢？自古以来就困扰着史学家。许多学者都不认同崖县的"天涯"

二字是苏东坡所题。据《宋史·苏轼传》和《苏东坡全集》，苏东坡于绍圣四年旧历七月三十日从惠州抵达儋州，经居三年，于元符三年（1100年）旧历六月离开海南北上，次年卒于常州，但是没有任何资料证明苏轼曾经被流放到崖县，并在崖县曾经刻书"天涯"二字，所以有人认为崖县苏公祠说应该是张冠李戴，崖县只有唐李德裕祠，而无苏公祠。

据《琼州志》记载，苏东坡在海南岛的遗迹和祠堂有儋县桃榔庵、载酒亭、东坡坐石、海口府城苏公祠等，故苏公祠在海口。张云石在《崖县"天涯"石刻非东坡手迹》认为苏东坡现存四千多首诗中没有一首是写崖州的，因而"天涯"非为苏东坡手迹。郭沫若曾去"天涯"刻石实地查考，指出"相传为苏东坡所书，但字体殊不类"。

一种说法是清代康熙盛世时期，曾进行了第一次全国性版图《皇舆全览图》的测绘活动，位于海南岛南端的崖县便成为这次测绘中国陆地版图南极点的标志。负责主持测绘的钦差官员们在此处剖石刻碑镌书"海判南天"四个大字，"以为标志，并须永久保存"。清代雍正年间，崖州知府程哲在此镌刻了"天涯"二字。1938年，琼崖守备司令王毅在另一块巨石上题刻"海角"二字，从此以后，这里就被人们称之为"天涯海角"了。

但也有人认为"天涯海角"不应单指崖县一处。据周去非《岭外代答》卷一记载：钦州（今广西灵山）有天涯亭，廉州（今广西合浦）有海角亭。"钦远于廉，则天涯之名甚于海角之可悲矣。"这些记载可以证明早在宋代就已经有"天涯亭"和"海角亭"，并一直保存到明清时候，其"天涯海角"的命名比海南崖县的刻石要早七十多年。

谈起"天涯海角"，很多人都认为它就在海南崖县，但是在我国漫长的历史中，所有地理的定义在各个时期都会有所不同，也许被称为"天涯海角"的地方不止这两个地方吧。

鬼府丰都之谜

丰都城在我国重庆辖区，位于长江中上游，距离重庆市往长江下游方向172千米，迄今已经拥有1900多年的县城历史。

丰都城在民间传说和历史上一直被称作冥界之都，是阴曹地府的所在地，所有的人死了以后都要到丰都城报到，然后接受审判，根据前世是否作恶立功来赏罚，进行下一世的轮回。因此，惩恶扬善是丰都冥界精神的精华。

在丰都城内的两处之间还有国内最大的人工模仿建筑"鬼国神宫"，顾名思义，就是鬼国和神仙世界的一切全部浓缩在这里了。在通往鬼国神宫的大道上，还要经过阴司街，也就是和人间的都市步行街一样。

丰都县城位于长江南岸（因为三峡工程搬迁到了对岸，南岸），在北岸的名山依然矗立巍然、郁郁葱葱、森罗古刹、星罗棋布、大树参天、香火袅袅。古今中外、文人骚客、达官显贵纷纷登岸上山，拜会于此。瘳阳殿、天子殿、孔庙、望乡台、生死石、血河、奈何桥……冥界的法律机构与现实中的世界一一对应，俨然另一个世界的执法机构。"下笑世上士，沉魂此丰都"，李白当年游览丰都后留下的千古佳句至今仍保留在丰都名山牌坊的两边。

在《西游记》第四回，唐太宗入阴司，遇丰都催命判官保驾；《聊斋志异》在"丰都御史"一节中称丰都为"冥府"；《钟馗传》第一回又讲钟馗到丰都收降鬼魔；《南游记》则写了华光大帝为母三下丰都太闹阴司；《说岳全传》写何立在丰都地狱重见秦桧受罪。这些中国古典神话小说都对"鬼城幽都"、"阴曹地府"做了形象描绘，再加上历代封建统治阶级与迷信职业者也着意喧染，鬼城丰都的名气越来越大。

　　"人死魂归丰都,恶鬼皆下地狱"的传说在丰都城越来越神。加之每年农历三月初三的香会(即现在的庙会),四方香客云集,烛光映天,香烟缭绕,钟鼓齐鸣,诵经之声传播数里之外,更增添了"鬼城"的神气。

　　关于丰都城的说法是那么的阴森莫测,那么,丰都城到底是不是传说中的"鬼城"呢?丰都城到底有"鬼"吗?

　　要说鬼城,还得先从丰都的名山说起。名山,原名平都山,海拔288米,因北宋大文豪苏轼诗"平都天下古名山"而得名。名山孤峰耸翠,古木参天,直插云霄,殿堂庙宇,飞檐流丹,下临长江,烟波浩渺,气象万千,构成了一幅多姿多彩的山水画卷。名山又是道家72福地之一。这里道观梵字,鳞次栉比。

　　关于名山的传说也颇多,各种说法不尽相同。名山是丰都大帝管辖的阴曹。清《玉历宝钞》载,"阴曹地府"的最高统治者是"丰都大帝",他承天廷玉皇大帝的旨令,率阎罗王等坐镇鬼城,治理鬼国。该书杜撰了丰都"鬼城地府"的机构设置——有十殿及所辖十八层地狱,他掌管十殿阎罗、四大判官、十大阴帅、城隍、无常、孟婆、大小鬼,以及各岗位职能、阴法刑律等。

　　此外,还有人说东汉刘向所著《列仙传》,东晋葛洪所撰《神仙传》,皆称平都山(今名山)为阴长生、王方平成仙飞升之地。随着朝代往来平都山探访者络绎不绝,阴、王二仙的教事也广泛传扬,后人误将阴、王传为"阴王",而说阴王乃"阴间之王"。目前,名山已经逐步的演化为各种大殿,包括十二殿狱的寺庙和"阴曹地府"近百个鬼神雕塑。于是,便有了名山有阴王的说法,这样丰都也就有了"鬼城"、"幽都"的说法。

　　至于为什么丰都城会被古人们喻为"鬼城"并将这种说法一直延续到现在,还有待考证。

杭州西湖是怎样形成的

　　杭州西湖是中国非常著名的风景胜地，自古以来，形容西湖美景的诗篇众多，如"欲把西湖比西子，淡妆浓抹总相宜"、"杭州之有西湖，如人之有眉目也。"然而，与"秀色掩古今"的美女西施相媲美的西湖，究竟是如何形成的，至今学术界仍众说纷纭，尚无定论。

　　第一种观点认为：筑塘成湖。

　　西湖本与海通，这是古今比较一致的看法，自刘宋文帝时，钱塘县令刘道真在《钱塘记》所记东汉时钱塘郡议曹华信为防止海水侵入，即招募城中士民兴筑了"防海大塘"，西湖从此与海隔绝而成为湖泊，此说为历代学者所承袭，流传至今。

　　第二种说法认为，西湖的形成是"泻湖"现象。持这种观点的学者认为，至少距今两千多年前，西湖还是一个浅海湾，除个别山岭外全部淹没在海水之中。随着海水的冲刷，海湾四周的岩石逐渐变成泥沙沉积，使海湾变浅，钱塘江也带来泥沙，在入海口沉积。随着泥沙越积越多，最终将海水截断，内侧的海水就形成了一个湖。这种现象在地质学上称为"泻湖"。起初，泻湖还随着潮水出没。后来，经过劳动人民多次筑海塘阻拦海水，再加上海平面下降，"西湖"便正式形成。

　　第三种说法认为，西湖的形成与火山爆发、岩浆阻塞海湾有关，认为西湖是北山的火山岩堵塞而成。

　　今天秀美的西湖曾经是什么样的，千百年来经历了怎样的"沧海变桑田"的变迁，关于西湖形成的确凿年代到底在何时？以上这些问题至今都还是谜。

自贡大山铺的恐龙公墓之谜

在四川省自贡市有一个恐龙化石集聚区，叫自贡大山铺的"恐龙公墓"。它以埋藏的恐龙化石丰富而且保存完整著称于世。但是这个"恐龙公墓"是如何形成的呢？很多的科学家都作出了猜测，但是又都缺乏充分的理由。

一、成都地质学院岩石学教授夏之杰提出，这些恐龙是死后被原地埋葬的。他说在一亿六千万年前，大山铺地区是一个河流交织的地方。而且这里的气候也十分温和，使得这里成为一个极适宜恐龙生存繁衍的地方，大量的恐龙生活在这片植被茂密的滨湖平原上。但是，这些恐龙们可能由于吞食了含砷量很高的植物，中毒而死，并被迅速的埋在较为平静的砂质浅滩环境里，后来又有新的恐龙尸体压在以前死去的恐龙尸体上，这样层层叠落，才形成了这么庞大的恐龙化石群。但是没有人知道当时的大山铺地区植被含砷量是多少，能够致使恐龙猝死的砷含量又是多少，分析一种恐龙化石中的含砷量是否又能代表所有的恐龙呢？这些问题都还没有被研究出来。

二、有人认为大山铺的恐龙是在异地死亡后被搬运到本地区埋藏下来的。因为这些恐龙化石较为完整的才三十多个，只占总数的五分之一。发现较多的是比较零碎破散的恐龙上肢，很像经搬运后被磨蚀得支离破碎的样子；同时，越是接近上部岩层，小化石越多，并具有从南到北依次从多到少的分布规律；下部岩层则几乎都是体躯庞大的蜥脚类恐龙，保存都不完整，很明显是经过搬运后的结果。另外科学家还发现大山铺发现的砾石均位于化石层的底部，从其特征判断是经过搬运的产物，可能与恐龙化石群的形成有密切关系。

多数科学家认为，大山铺"恐龙公墓"中大部分化石是搬运后被埋藏

△ 自贡大山铺的恐龙博物馆

下来的，也有少部分为原地埋藏，因此这是一个综合两种成因而形成的恐龙墓地。但是这里除了在陆地上生活的恐龙外，还有能飞行的翼龙和在水中生活的恐龙，而这些恐龙的生活习性完全不一样，为什么它们也会被葬在一起呢？最关键的问题是，谁将这些恐龙从别的地方搬到了这里？有人说可能是食肉恐龙，为了掩藏食物才将它们杀死的恐龙埋藏在这里，以用来在干旱的年代解决食物短缺；也有人说是恐龙的同类将死去的同伴尸体拉到这里进行掩埋的；还有人说是外星人杀了这些恐龙埋葬在这里的；更有人说是古人类杀死了它们。究竟是怎么回事，还有待进一步研究。

养蚕起源于何时

中国是世界上最早开始养蚕、缫丝和织绸的国家，这点已成定论，但是关于养蚕的起源，却存在许多一时难以解决的争论。

流行最广和影响最大的一种论点是"嫘祖始蚕"。嫘祖是传说中的北方部落首领黄帝轩辕氏（公元前2550年）的元妃。据《隋书·礼仪志》记载，北周（557～581年）尊嫘祖为"先蚕"（即始蚕之神）。《通鉴外纪》记载："西陵氏之女嫘祖为帝之妃，始教民育蚕，治丝茧以供衣服。"《路史》则称："伏羲化蚕，西陵氏始养蚕，故《淮南蚕经》云'西陵氏劝蚕稼，亲蚕始此'。"这种说法在宋元以后开始盛行。直至20世纪50年代，中外有关文献在涉及我国养蚕起源问题时，几乎都以基本赞同的态度加以引述。1926年，我国考古工作者在山西夏县西阴村新石器时代遗址发掘到割得很平整的半只蚕茧，这件事引起了国内外学术界的极大兴趣。有人把这半只蚕茧与"嫘祖始蚕"说互相印证，由此推定仰韶文化时期黄河流域养蚕业的存在。

但是，从20世纪50年代起，史学界有不少人对"嫘祖始蚕"说提出异议，他们的主要理由是这一说法出现较迟。《史记》中虽然提到黄帝娶西陵氏之女嫘祖为妻，但没有说起"始蚕"，由此可见汉初这一说法尚未出现。《通鉴外纪》为北宋末年的著作；《路史》是南宋人撰写的。《路史》中提到的《淮南（王）蚕经》一般被认为是伪书。虽然北周把嫘祖尊为先蚕，但在此以前北齐（550～77年）也曾把黄帝作为始蚕之神进行祭祀。同时，一些著名考古学家对西阴村的半只蚕茧提出质疑，认为这个发现是靠不住的孤证，大概是后世混入的东西，例如夏鼐提出："在华北黄土地带新石器时代遗址的文化层中，蚕丝这种质料的东西是不可能保存得那么完好的；而新石器时代又有什么锋利的刃器可以剪割或切割蚕茧，并且使之有'极平直'

的边缘呢？"（《我国古代蚕桑丝绸的历史》，见《文物》1972年第2期）这些异议和质疑虽然拥有很多支持者，但远没有得到所有有关研究者赞同的地步。有人认为："嫘祖始蚕"说虽然出自后人的推想，但作为时代化身而言，早在黄帝时代我国已有养蚕业是基本可信的。颇具权威性的《中国纺织科学技术史（古代部分）》（陈维稷主编，科学出版社1984年版）就持这种观点。对于夏鼐的意见，也有人发表反驳文章。例如日本学者布目顺郎认为：在雨量极小的黄土高原，蚕茧完全可以保存四五千年以上。他宣称自己用薄的石片和骨片（模拟当时人的生产工具）进行试验，结果切割的蚕茧确实边缘平直。

另一方面，20世纪50年代末以来，长江下游地区一系列新石器时代遗址的考古发现，使有关养蚕起源的争论更趋复杂。1958年，浙江吴兴钱山漾出土了一批丝织品，经鉴定其绝对年代距今已有四五千年；1963年，江苏吴江梅堰出土了饰有蚕纹的黑陶；1977年，浙江余姚河姆渡出土了纺织工具组件和饰有蚕纹和编织纹的牙雕小盅（距今六千多年）。许多学者认为，蚕纹在陶器和牙雕上的出现，表明了当时人类对蚕的认识程度以及蚕与人类的密切关系；蚕纹和编织纹以及纺织工具的一起出土，说明了蚕丝在纺织中的应用。综合这一系列发现，则证明了东南地区也是养蚕业的一个发祥地，这里开始养蚕的时代甚至早于传说中黄帝嫘祖所代表的时代。但是，也有人认为：浙江地区的古代文化落后于中原，钱山漾下层可能包括不同时代的遗存，甚至可能经过部分的扰乱。为此，当时参加钱山漾考古发掘的同志对发掘过程进行了认真的回忆，基本上排除了扰乱的可能性。但是，由于回忆时距发掘时间较长，确定某些细节有些困难。又有人认为，钱山漾地区出土的丝织物使用的不一定是家蚕纤维，也可能是柞蚕丝等野生蚕丝。纺织界的有关人员，使用石蜡切片和显微投影等方法对钱山漾出土的绢片重新做了鉴定，证实它们确实属于人工养育的家蚕丝。但是，他们也承认，由于出土绢片数量太少，碳化程度严重，分析工作受到一定局限。

此外，对于河姆渡等地出土器物上的纹饰究竟是蚕还是其他昆虫的形象，目前还存在不同的意见。

酒在中国的发端之谜

不论是喜庆筵席，还是亲朋往来，甚至在日常家宴中，酒已成为人们的必备之物。然而，酒在中国是什么时间产生的？它是怎样产生的？未必人人知晓。这也难怪，因为关于酒的起源问题在学术史上一直存在很大分歧。

最普遍的一种说法认为酒是夏禹时一个叫做仪狄的人制造的。这个意见最早似乎见于公元前2世纪的《吕氏春秋》。后来刘向辑录的《战国策》也说："昔者，帝女令仪狄作酒而美，进之禹。禹饮而甘之，曰：'后世必有以酒亡其国者'，遂疏仪狄而绝旨酒。"《孟子》里也有"禹恶旨酒"的话。战国时史官所撰《世本》，更明确地说"仪狄始作酒"。

这个说法在学术界一直有很大影响，范文澜甚至根据夏禹时酿酒的出现而推断夏代已经形成阶级社会。范文澜的结论受到一些学者的批评。因为在讨论古代社会的许多文章中，似乎都没有以酒作为阶级社会形成的标志。而且，大量的民族学资料表明：现在还有一些落后的部族，阶级尚未明显分化，而酿酒和饮酒的习惯却很普遍。

那么，中国的酿酒究竟始于何时呢？

战国时期成书的《黄帝内经·素问》认为酒在传说中的黄帝时代就有了，汉代人写的《孔丛于》也认为酒的产生在尧舜之时。这两种说法虽有不同，但值得注意的是将酒的产生都提到夏禹之前。

唐朝人陆龟蒙在《笠泽丛书》中曾提到舜的盲父瞽叟曾用酒去害舜的传说。宋朝人寇宗奭在《本草衍义》中也说："《本草》中已著酒名，信非仪狄明矣。又读《素问》，首先以妄为常，以酒为浆。如此则酒自黄帝始，非仪狄也。"

在古代，人们由于不能正确理解人与自然界的关系，往往将许多发明创造归功于某个帝王或英雄，这显然是不符合历史事实的。在这些传说中，影响最大的莫过于所谓杜康或少康造酒之说。宋朝人高承在其所著《事物纪原》中，引了《博物志》、魏武帝诗、《玉篇》和陶潜《述酒·题注》，而最后认为："不知杜康何世人，而古今多言其始造酒也。"《世本》里也提到杜康和少康，但《说文解字·巾部》却说："古者少康初作箕帚、秫酒。少康，杜康也。"

晋朝人江统在《酒诰》中就怀疑过仪狄、杜康造酒的说法。他说："酒之所兴，肇自上皇；或云仪狄，一曰杜康。有饭不尽，委余空桑，郁积成味，久蓄气芳。本出于此，不由奇方。"江统的意思是说，酒的产生并不是黄帝、仪狄、杜康等人的发明创造，而是人们将煮熟了的剩饭无意中丢在野外树林里，"郁积成味，久蓄气芳"，是通过自然发酵而成的。

当然，原始社会烧炒或蒸煮谷物的技术和设备不可能和江统时代相比，而是十分的简陋。但是，江统"委饭空桑"的说法是符合制曲原理的。它比起所谓仪狄、杜康作酒的传说更合乎科学道理。在人们开始有了农业之后，经过烧炒或蒸煮过的谷粒，如果没有立即吃掉，残留搁置就会发霉、长毛。而在我国黄河流域的空气中，飘动着许多糖化毛霉的孢子和酵母的细胞，熟食遇到它们就会变成酒曲。这种长了毛的谷粒泡上水，就会生出酒来。

另外，西汉刘安在《淮南子》里就认为"清钘之美，始于耒耜"。就是说，酿酒的起源几乎是和农业同时开始的。据此，袁翰青在《中国化学史论文集》中就主张，酿酒的起源在人类历史上应当是很早很早的。在旧石器时代就可能发现野果自行发酵。到了新石器时代，农业开始后不久就可能有谷物造的酒了。在我们中国，麦曲酿酒乃是超越了其他民族的一项很早的重大发明。这项发明的时代，应当早于传说中的夏朝。

然而，应当是一回事，事实又是另一回事。袁先生的推测到目前还没有得到其他方面的证据。因而，关于酿酒的起源仍是一个值得探索的谜。

"汗血宝马"之谜

我国古代，曾将"汗血宝马"称为天马、大宛马。"汗血宝马"从汉朝进入我国一直到元朝，繁衍生息上千年。但近代以来，史料中已很难见到"汗血宝马"的名字。

"汗血宝马"在土库曼斯坦又被称为阿哈尔捷金马。其常见的"汗血宝马"有着许多美丽的传说："四肢修长，步伐轻盈，力量大，速度快，耐力强，日行千里，流汗如血，存量稀少……"诸多因素，使得"汗血宝马"在人们的眼中显得尤为珍贵。

"汗血宝马"体态轻盈秀美，全身密披长毛，弯曲的颈部，特有的伸长高举步法，使之显得十分的高贵和出众。亚历山大、马其顿、成吉思汗等许多帝王都曾以这种马为坐骑。如今，土库曼斯坦人把这种马视作地位和身份的象征。按照土库曼斯坦的习俗，阿哈尔捷金马只送给最尊贵的朋友。他们也把它视为国宝，并把它的形象绘在土库曼斯坦国徽的中央。所以，市场上的"汗血宝马"都是价格不菲，通常都是几十万美元一匹，有的良马身价甚至高达上千万美元。

一、"汗血宝马"的汗血之谜

传说土库曼斯坦有一条神秘的河，凡是在这条河喝过水的马在疾速奔跑之后就都会流汗如血。

学者们对这种现象的解释，却是各执己见。

有动物专家猜测，汗血现象可能是由于马匹在奔跑时体温上升，使得少量的红色血浆从毛孔中渗出造成的。因为马在高速奔跑时体内血液温度可以高达45～46℃，但它头部温度却与平时一样，大约40℃。"汗血宝马"的毛细血管非常发达，它的毛细长而密集。马在高速奔跑之后，随着体内血液温

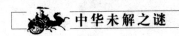

度增加了5℃左右，少量红色血浆从细小的毛孔中渗出也不是没有可能。

而据中国农科院畜牧所的马匹专家介绍："汗血宝马"的汗血现象是由于受到了寄生虫的影响。他们推测可能存在着一种能钻入马皮内的寄生虫，这种寄生虫尤其喜欢寄生于马的背部和臀部，因而马皮在两个小时之内就会出现往外渗血的小包。不过这种"寄生虫"到底是何神圣，至今还无人知晓。

南京农业大学的郑亦辉教授则不认可"寄生虫说"。他认为，"流汗如血"也许仅仅是一种文学上的形容，给人感觉是马在流血，而马的脖子和肩膀都是汗腺很发达的地方，这就足以解释为什么汗血宝马在疾速奔跑后，这两处地方都会流出像血一样鲜红的汗。

二、"汗血宝马"真能日行千里吗

传说中的"汗血宝马"是"日行千里，夜行八百"。难道"汗血宝马"真有如此神力吗？

也有的专家认为，这应该也只是个美丽的传说而已。普通的马能日行150千米左右，最多也只能行200多千米。目前世界上公认的速度最快的马是纯血马，1分钟的确能跑1000米，但马只能在训练场或赛马场坚持这样的速度一两分钟左右，时间再长些，马就会力竭而死。

但是，"汗血宝马"的确具有超强的持久力和耐力，这也是事实。它是公认的上等的长距离骑乘马，也是适合盛装舞步和跳跃的马。它仅需1分07秒就能在平地奔跑完1000米。

三、纯种"汗血宝马"为何在我国消失

据史书记载，"汗血宝马"早在汉朝就已踏足中原，一直延续到元朝，曾兴盛了上千年，但是到后来却消失得无影无踪。

有人认为"汗血宝马"之所以消失，是因为我国在汉武帝时引进的"汗血宝马"有公马也有母马，理论上进行繁殖是可行的，当时地方马种在数量上占绝对优势，引入的外来马种往往都会走以下的模式：引种——杂交——改良——回交——消失。

与此同时，"汗血宝马"虽然速度很快，但是它体形纤细。在冷兵器时代，将军骑马作战都更愿意选择粗壮的马匹。而且，我国古代作战用的马匹多数被阉割，使一些优秀的战马失去了繁殖后代的能力，这可能也是"汗血宝马"在古代中国消失的真正原因。

1951年，我国从前苏联引进了五十余匹"汗血宝马"，这群马一直被饲养在内蒙古锡林郭勒盟的种马场。那是比较寒冷的地方，这对产于俄罗斯以南的"汗血宝马"并不是有利的生存环境。此外，由于"汗血宝马"是骑乘马，而20世纪50年代我国注重发展的是农业经济，大部分马都被杂交或者改良成为农用马，这恐怕也是造成纯种"汗血宝马"失传的重要原因。所以五十多年过去了，我国并没有留下一匹纯种的"汗血宝马"。

还有资料显示，"汗血宝马"在全世界仅存2000余匹，主要分布在俄罗斯和土库曼斯坦境内。

几年前，有一个专门研究马匹的日本人，名字叫清水华人。他曾在东京大学举办的马匹研究会议上，公布了他在我国新疆天山附近发现的"汗血宝马"照片。

对于清水华人的发现，我国有关人员认为，目前已经没有纯种阿哈马存在了。因为一般的纯种"汗血宝马"都会被登记，但在伊朗和土库曼斯坦一带仍然存在不少没有被登记的"原料"和土种"汗血宝马"。而在我国的内蒙古牧场和新疆马术队也还饲养有百余匹"汗血宝马"，因而清水华人发现的"汗血宝马"很有可能是流入我国的杂种"汗血宝马"或土种"汗血宝马"而非纯种的"汗血宝马"。

大明湖中蛙不鸣的原因

由芙蓉泉、珍珠泉等众多泉水汇集而成的济南市著名风景区——大明湖，总面积86公顷，其中的水面积为46.5公顷。沿湖楼阁参差，水榭亭台，错落有致。湖之北有元代北极田，登临其上，刚好饱览湖光山色；湖之南有清代遐园；湖之东有纪念宋代名人曾巩之南丰寺；另外，还有宋代著名词人辛弃疾纪念祠，以及铁公寺、历下亭、浩然亭、汇波楼、小沧浪等名胜。此外，还有新建的鸳鸯亭、月下亭及百米喷泉等。湖中荷叶田田，绿洲片片，景色清幽。诚如铁公祠门联所云："四面荷花三面柳，一城山色半城湖。"

如此湖光山色、万类悠游、鸟语蝉鸣、蛙声阵阵，本是常情。这里一般情况如常，然而令人惊异的是，这里虽有众多的青蛙而无蛙鸣。特别是盛夏

之际，别处湖区都有蛙声起伏，用"听取蛙声一片"来形容毫不为过。而这里的蛙们，却是"噤若寒蝉"。好事者将大明湖之蛙迁至护城河外，便都照鸣不误，而将别处之蛙放入大明湖又不叫了。

当地的老人们说，大明湖里之所以青蛙不叫，和当年乾隆皇帝下江南有关。据说乾隆每次下江南都要路过济南，时常在此歇息。一天，走到大明湖时走累了，就想在湖边小憩，可刚刚入眠，就被"唯瓦唯瓦"的蛙声惊醒，扰得他无法休息，乃一气之下下令不准湖里的青蛙鸣叫，从此以后湖中青蛙就不再叫了。

当然，这仅仅是个民间传说，不足为信。

据史料记载，早在明朝末年，就有一个叫王象春的文人在文章中提到了大明湖的四大奇异之处："湖出城中，擅奇宇内，异在恒雨不涨，久旱不涸，蛇不见，蛙不鸣。"由此可见大明湖内蛙不叫的现象由来已久。

这一现象引起了有关的专家学者的重视，经过研究，他们提出了几种不同的解释：

第一种观点认为，大明湖水是地下水形成的，其中富含丰富的矿物质，很可能在这些矿物质中，有一种会影响到青蛙的声带，使得它们无法鸣叫。但动物学家指出，青蛙发声依靠的是嘴巴两侧的气囊而不是声带，因此这种说法不符合事实。但矿物质与青蛙不叫也许有着其他的关系。

第二种观点认为，青蛙喜欢在浅水里鸣叫，而大明湖却是个典型的深水湖，这种环境不适合青蛙鸣叫。

第三种观点则从全面的角度给予分析，青蛙属于两栖类动物，性喜阴凉，一般情况下，只有在发情期间和产卵时才会鸣叫，但大明湖的水质和温度并不适合青蛙发情，青蛙繁殖的最佳温度是23℃以上，而大明湖在青蛙发情的季节，湖水温度平均只有20℃。所以，湖内的青蛙在繁殖期间，可能会到另外比较适宜的地方，大明湖内也就听不到蛙鸣了。当然说法也是一家之言，并未得到确切的证实，神奇的大明湖"哑蛙"之谜仍需继续研究、探索。

我国何时开始栽种番茄

番茄，是人们熟悉的一种蔬菜。传统说法是：番茄原产于美洲大陆，随着欧洲与美洲的交往逐渐传到欧洲，尔后又通过欧洲传进中国。

然而，这种传统说法现在正经受着有力的挑战。1983年7月，成都市博物馆考古队在成都市北郊凤凰山园艺场砖瓦厂取土的一座荒丘上，发掘了一座汉代木椁墓。在清理墓内物品时，考古队员发现随葬品中有四只藤笥、五只竹筒，里面盛着些已经炭化了的水果残骸和杏仁、板栗、水稻等。文物出土后，为避免藤笥和竹筒干裂，考古队员立即用高温蒸煮过的湿再生布把它们覆盖起来。一个月后，考古队员们惊讶地发现，原来被视为一块顽石的炭化水果残骸在高温和湿润的环境中，竟奇迹般地萌发出了四十多根嫩芽。在科技人员的精心照料下，这些幼小的生命渐渐抽叶长大，陆续开花。1984年1月，结出了一枚枚果实，开始像枣子，以后逐渐变红成熟，呈长卵圆形。经四川大学生物系有关专家鉴定，它们属茄科，是番茄！

这真是一个惊人的发现，要知道：到了19世纪初，番茄在欧洲还被视为一种危险的观赏植物，有剧毒。科技人员按捺住激动的心情，继续冷静地进行分析研究。当年12月，四川大学原子核科学技术研究所采用"质子激发X射线荧光分析测定"的方法，对出土番茄和成都、北京等地的现代番茄进行了对比分析，发现出土的番茄与国内现代番茄在某些微量元素的含量上存在着显著差异。同时，有关专家经过研究后指出，这些番茄的植株整齐，枝叶生长规则，可以判断是经过了人工选择、栽培的。考古队的发掘清理人员也根据整个发掘清理过程，排除了文物在出土过程中混入现代番茄种子的可能性。

这个消息立即轰动了成都的考古界、生物界和新闻界，大家普遍认为：如果这个发现得出的结论能够成立，中国在两千多年前就有了番茄，并开始进行人工栽培了，中华文明史上将写下新的一页，具有十分重大的意义。有的人还将它与东晋炼丹家葛洪道书里提到的"丹梨火枣"联系了起来，认为火枣很可能就是番茄。但也有许多人对此持怀疑态度，他们指出，发表在《成都文物》（1984年第1期）关于这座西汉墓的发掘报告上有这样的字句："盖板（古墓椁室的盖板）是以长3.70米、宽约50厘米，厚约3～40厘米的九块木板构成。其中第六块木板已断成两截，北头陷下，可能为早期盗洞。"因此，不能排除早年由盗墓者将番茄种子带入墓里的可能性。另外，他们还指出：从墓中出土的板栗、杏仁等都已高度炭化，种子壳和生命力比它们脆弱得多的番茄反而能够保存下来，很难令人信服。

对于反对派的这些意见，持相信意见的人认为：这块断裂的木板，并不能说墓已被盗过，即使是早期的盗墓者将番茄种子带入墓中，这个发现仍然能够说明番茄在从欧洲传来之前我国已有人工种植了，也很有价值。至于番茄子的生命力问题，一般来讲它是很脆弱的，但也不能排除由于各种偶然因素而生存下来的可能性。

考古史家和学者正在深入地进行研究，准备彻底揭开中国古代是否有番茄这个谜底。

我国何时开始制茶

茶不但能润喉解渴，还能清神、明目、祛病、除疫，有益于人体健康。它是我国主要的饮料，也是国际上流行的几大饮料之一。我国古代对茶有多种称呼，晋朝郭宏农说：早采的称"茶"，晚采的叫"茗"。唐朝陆羽的《茶经》中将"荼"改为茶，成为泛称。约在公元760年至780年间，《茶经》这一专著问世后，中国境内天下皆知茶，"人自怀挟，到处煮饮，从此转相仿效，遂成风俗"。唐开元中，从山东兖州、临淄、惠明和河北沧州，一直到洛阳、长安，"城市多开店铺，煎茶卖之，不问道俗，投钱取饮"。元曲《五壶春》中说："早上起来七件事，柴、米、油、盐、酱、醋、茶，"把茶和柴米油盐相提并论，可见它已与人民生活密不可分。茶也深深渗透到文化中去，许多古诗中都有吟咏、赞美茶的句子，如南朝鲍令晖的《香茗赋》就是吟茶的佳作。也就在唐朝开元年间，我国的种茶、栽培技术和饮用知识开始传到日本、印度、阿拉伯、印尼、斯里兰卡、俄国，再辗转传入四十多个国家和地区，对人类的生活和文化产生了重要的影响，尤其在日本，形成了独特的茶道文化，有人甚至借用茶道来统一天下。茶和丝绸一样，成为联结东西方的文化天使，国外有学者评价："茶，给予人类难以估量的贡献。"

那么，我国制茶始于何时呢？有的学者认为起源于西汉，因为西汉时对饮茶有许多可靠的记载。西汉王褒的《僮约》中曾有"煮茶"、"往武都购茶"等文字，可见位于四川成都西南的武都（今彭山县）当时已是茶叶市场了。东方朔《神异记》中有"余姚人虞洪人山采茗"等语，可知当时人已懂得采茶技术。司马相如还在《凡将篇》中介绍了"荈诧"，也就是茶叶，可以当药。杨雄在《方言》中注解："蜀西南人，谓荼曰蔎。"当时是如何制茶的呢？《广雅》中说：今湖北与四川交界一带地方，人们先采摘茶叶，做成茶饼，老的茶叶需加入米汤处理，才能制成茶饼，如欲煮饮，先将茶饼烤成赤色、捣成末，置于瓷器内，加入沸水，再用葱、姜、橘子作配料，这样制成的茶喝了可醒酒，使人不想睡觉。晋朝张载在《登成都楼》中写道："芳茶冠六情、溢味播九区。"孙楚的

△ 制茶

《出歌》中也有"姜桂茶荈出巴蜀"一句。意思均为制茶、饮茶的风习起自巴蜀而渐及全国。国外有的学者认为：茶叶是和丝绸一起，驮在骆驼背上，沿着丝绸之路，一步步走到罗马，传向欧洲大陆的。因此，制茶约起始于公元前1世纪的西汉时期。

还有一种说法，把我国可能开始制茶的时间推得更远。《茶经》说："茶者，南方之嘉木也。"经现代植物学家研究，这种野生嘉木就是古老的茶树，它在5000年前已为人类所知，它生长于我国云南南部，以澜沧江流域为最多，当地人将嘉木叶子，即茶叶发酵、储藏几年后煎成汤，这就是有名的云南普洱茶的前身。因此，或许远在5000年前，我们的祖先就已经开始制茶了。

我国制茶究竟起始于何时，追究此谜，将是大家都感兴趣的。

中国棉花栽培始于何时

在化纤产品广泛推广之前的很长时期内，大部分中国人的服装主要以棉花为原料，甚至在今天，棉花在我们的日常生活中仍占据着极为重要的位置。但是，你知道我国何时才有棉花吗？

要准确回答这个问题是不可能的，因为棉花只是一种泛称。仅我国栽培的棉花就多达四个品种：陆地棉、中棉、草棉、海岛棉。

我国陆地棉主要是从美国引进的。它和中国机器纺织业的发展直接相关。张之洞于1892年在湖北武昌办机器织布厂及纺纱厂时才引进陆地棉，首先引种在两湖。20世纪初，陆地棉开始在全国推广，现在成了我国的主要棉种。

在陆地棉引进之前，中棉即木棉是我国种植面积最大的一种棉花。在古代，中棉被称为"吉贝"，这是从梵文转译而来，表明它是由印度方面传来的。

有关中棉的记载是很早的。三国时魏人孟康引《汉书》注："闽人以棉花为吉贝。"由此可见汉时福建已开始种中棉了，南宋末中棉开始广植江南。胡三省《资治通鉴注》："木棉，江南多有之。"而陶宗仪《南村辍耕录》更明确指出江南种植中棉最早处是松江，以后逐渐向北推移。

宋末元初是棉花种植大发展时期，1289年"诏置浙东、江东、江西、湖广、福建木棉提举司，责民岁输木棉十万匹。"（《元史·世祖纪》）这是政府设置棉花专管机构的开始。从此以后，棉花与丝、麻并驾齐驱，逐渐成为我国人民穿着的主要原料，而元代王祯《农书》卷二一更指出棉花使"江淮川蜀，既获其利"，中棉广泛栽种于长江流域。

明代统治者十分重视植棉。《明史·食货志》宣称"棉花种遍天下"。这时山东、河南等地因"土宜木棉"大量种植，明代中棉已扩种到黄河流域。

与中棉差不多同时引进的是草棉。草棉古书中称为"白叠"。《梁书·西北诸戎传》载："高昌国多草木，草实如茧，茧中丝如细垆，名曰白叠子，国人多取织以为布，布甚软白，交市用焉。""白叠"是由波斯语转译而来，这说明草棉是通过西亚方面传进来的。

考古资料表明，草棉传入我国新疆的历史大约不会晚于西汉末年。在新疆罗布淖尔西汉末至东汉的楼兰遗址中发现过棉布残片；在新疆民丰县尼雅遗址的一座东汉夫妻合葬墓中还发现了一条棉布裤和两块图案精美的蓝色蜡染棉布残片。这种高超的织染技术是不可能在棉花引进后不久就能形成的。

草棉因适合新疆的气候环境，在新疆的种植范围内不断扩大。考古工作者在吐鲁番高昌时期的墓葬中发现了高昌和平元年（551年）的契约，提到一次借棉（叠）布60匹。阿斯塔那44号唐墓出土的一只纸鞋上拆出了一件记载发付叠布口袋的记账文书残片，从其内容可知当时当地要征调棉布制品到内地以充军用的历史事实。

草棉种植由新疆缓慢地向东扩种。1273年颁布的官修《农桑辑要》一书卷二有在陕西种植草棉的记录。草棉从西路传到渭水流域后，因为它本身的局限性所致，就再也不能东进了。

中国有着悠久的棉花栽培史，但以前一般认为中国还不是棉花的故乡，对此考古发现提出了疑义。

在福建武夷山白岩崖洞所发现的商代以前的船棺清理工作中，工作人员发现了"一小块青灰色棉布"，从有关单位研究的结果看来，这无疑是一块海岛棉织物。这块珍贵的棉布只要排除后世混入的嫌疑，我们就有理由说：中国是海岛棉的故乡。

总而言之，棉花什么时候开始在中国栽培，到目前为止仍是难以准确回答的。

我国何时开始栽种玉米

玉米是一种人人皆知的高产作物，在我国南北各地都有种植。玉米的学名叫玉蜀黍，而它在我国各地的俗称竟有五十多种。这些历史各异的名称值得我们考虑这么一个问题：中国的玉米品种究竟来源于何处？

翻开中国历史教科书，明代科技部分总是这么说：玉米是从明代由美洲传入我国的，经过培育推广成为现在我国的主要粮食作物之一。这种叙述确有大量的文献和事实作为依据。玉米在我国的栽培，16世纪才见之于文献，当时称为御麦，是指从美洲输入的玉米而言。现在我国南北广大地区所种玉米品种也大多是由此培育而来，成为干旱地区最主要的粮食作物，在一定程度上夺取了谷子的地位。

除上述美洲输入的玉米之外，在此之前我国是否有玉米，这是一个比较难以解决的问题。明朝以前我国黄河流域没有玉米栽培的文字记载，但有人从地方志中找到了一些线索。一些古籍都记有玉米的别称或俗称，这些记载是否指土产玉米呢？仅从文献上是难以断定的。据实地考察，在西南和华南的一些地区确有一些值得注意的玉米品种，它们被称为小包谷，植株低矮，果穗很小。据分类学称，这种小包谷有糯粒型、爆粒型和有穗型三种。其中的糯粒型，国外学者早就公认是起源于中国的一个玉米品种，但这可能是从美洲引进的玉米糯型培育而来的，不能即认为是中国的原产玉米。在考察中还发现有类玉蜀黍、类野玉蜀黍的植物。据专家们说：有穗型玉米是玉米中较原始的类型，类玉蜀黍又是栽培玉米的野生种，它们在我国西南高原和华南地区广泛分布、种类很多。当地少数民族有较长的玉米栽培史，长久以来这些地区形成的特殊小包谷玉米生态型，很有可能是由原生玉米演变而来的。

我国是辣椒的原产地吗

辣椒现在是中国人普遍食用的一种蔬菜，尤其是四川、湖南等地，有些喜吃辣的，简直到了一日三餐不可无辣的地步。但关于我国辣椒的来历，迄今尚无确切的文字记载，如一团迷雾。归纳起来，一种意见认为辣椒是从国外传入的，另一种意见认为我国是辣椒的原产地之一。

我国的许多著作普遍认为：一年生辣椒原产秘鲁的山林及南美洲的亚马孙河一带。至16世纪传入欧洲，在西班牙栽培极盛，其后经法国而入意大利。大约在17世纪的明

△ 辣椒

末时期传到中国。至于通过什么路线、何种环节、由谁传入我国的，或语焉不详，或干脆不提。

著名的植物学家蔡希陶认为：在我国南方热带地区也有原生的野辣椒。如云南西双版纳、思茅、澜沧江一带分布有一年生的"涮辣椒"及多年生的"小米辣"，只是这些原生辣椒一直停留在野生与被采集的状态。还有一种观点认为：新旧大陆都分布有辣椒的原生植物，南美洲栽培普遍些，而我国古代没有普遍栽培而已。

认为辣椒是从国外传入的人，主要依据是：在清朝以前的古籍中找不到

有关辣椒的记载。直至清初陈子的《花镜》（成书于1688年）才首次提到辣椒，内载："番椒丛生白花，果俨似秃笔头，味辣色红，甚可观，子种。"继而又见之于清人汪灏的《广群芳谱》（成书于1708年），因而有人得出结论：在明清之际，辣椒还仅仅是一种观赏植物。到了18世纪中叶，《本草纲目拾遗》一书记载："人家园圃多种之，深秋山人挑入市货卖……"

由此看来，辣椒是从国外传入的似乎可定论了，其实不然。在《本草纲目拾遗》中还有两段文字值得注意：其一，"秦椒，一名番椒。形如马乳，色似珊瑚，非草本秦地之花椒，即中土辣茄也"；其二，"龙柏药性考：秦地及草本辣椒，纲目诸注，误为秦地花椒，不知今之辣茄，又名辣虎"。如果确如其说的话，早在唐代《食疗本草》等古籍中就提到过秦椒。这样，辣椒在我国的栽培史就大大提前了。

另外，曾有人提到川菜中有道名菜叫"五柳草鱼"，相传出自大诗人杜甫之手，其所以名之为"五柳草鱼"，就是因为这菜用了五样辅料，其中一样就是辣椒。据此，唐代四川人就已食用辣椒了。

辣椒是土生土长的，还是外国传入的，它又与我国南方的野辣椒之间有何关系呢？人们期待着新的研究成果，以解开我国辣椒的来历之谜。

喜马拉雅山的雪人之谜

在世界上所有神秘的动物中，最让人着迷神往的就是传说中的喜马拉雅山雪人。

在喜马拉雅山区，雪人被描绘成一种身材高大、半人半猿的传奇动物。通常雪人被称作"夜帝"，意思是居住在岩石上的动物。喜马拉雅山雪人是人们谈论最多的一个分支。关于雪人的传说可以追溯到公元前326年，据现在可考的资料记载，雪人身高在1.5米到4.6米不等，头颅尖耸，红发披顶，周身长满灰黄色的毛，步履快捷。有关雪人的传说逐渐被神秘动物学家所承认，吸引着无数探险家纷纷来到喜马拉雅地区，找寻这个给人类带来无限幻想空间的神秘动物。然而遗憾的是，到目前为止，尚未有确切的雪人标本供人们研究，关于雪人的传说材料远远多过实证。

从很早以前，世间就开始流传关于雪人的种种传说。1975年，一名尼泊尔夏尔巴族姑娘在山上砍柴时，遭遇一只凶狠的雪豹，雪豹突然发起猛攻，姑娘惊呆了。就在此时，一个红发白毛的动物忽然冲出来，和雪豹殊死搏斗，姑娘才得以逃命。

无独有偶，关于雪人救人的故事在历史上还有一次记载，1938年，有一个人独自在喜马拉雅山旅行，遭遇了强劲的暴风雪，强烈的雪光使得他患上了雪盲症。当时，没有任何措施可以呼叫救援，就在此人已经绝望地等待死亡时，忽然感觉到自己被一个高大的动物掩护住身体，从而保住了性命。而他意识清晰后，那个带着体温的神秘动物又消失了，此人只清晰地记得，这种动物身上有像狐臭一样的味道。

当然，雪人有仁慈的一面，也有凶猛、剽悍的一面。

1848年，中国西藏墨脱县西宫村有一村民被抓死，留在他身上的气味臭

△ 喜马拉雅山的雪人

不可闻，人们由此分析，"凶手"应该就是雪人。

那么，雪人到底长得什么面貌？至今没有一个人能说清楚，也没有任何确切的证据能证明这种动物的存在。唯一有点说服力的证据就是1951年英国珠穆朗玛峰登山队拍下的一张雪人脚印的照片。这脚印是在坚硬冰面上的薄薄的一层雪上留下的，长31.3厘米，宽18.8厘米。1952年，也有人在攀登珠穆朗玛峰的路上曾经发现过巨大的脚印。

一些研究人员由此肯定雪人的确存在。而人们多年来无法找到雪人的踪迹是因为客观原因的限制。因为雪人出没的地方，交通不便，即使得到雪人活动的消息，待考察者赶到现场，雪人也早已走得无影无踪了。而喜马拉雅山一带冬天大雪封山时间长，夏季雨季又长达三个多月，这些原因都给考察带来很多困难。

近些年来，寻找雪人的工作有了一些进展，据英国《泰晤士报》2002年报道，动物学家罗波·麦克卡尔宣布，英国牛津大学的科学家对在不丹喜马拉雅山区的一棵树上发现的一团毛发进行的脱氧核糖核酸（DNA）分析表明，这是一团不属于任何现在已经定种的动物的脱氧核糖核酸。这个消息让许多动物学家为之一振，雪人的存在性应该由此得到证明。

但是不知道为什么，直到现在为止，雪人也没有真正在人类面前"堂堂正正"地出现过，所以，科学家们只能再继续探寻了。

金橘树会"唱歌"之谜

在内蒙古阿拉善一个退休干部家里，发生过一件怪事：他家中浇养的一盆金橘树，每天夜晚会发出一种像唱歌一样的声音。

这位老人家中养了不少橡皮树、龙骨、君子兰等花卉。其中有一盆小金橘树，起初这盆小金橘树也没什么特别，直到有一天，老人的外孙无意中发现小金橘树能发出阵阵莫名其妙的声音。

全家人一起静静地听，小金橘树发生的声音一会儿像河边的青蛙在叫，一会儿像田野的蛐蛐在叫。后来，几乎每天晚上从8点左右开始，这株金桔就像百灵鸟一样按时在他家开起"演唱会"来，一般都会持续到晚上11点左右，全家几间屋都可听到。

起初，老人很好奇，以为这个树种都有这种奇怪的现象，后来，他开始好奇地向花卉市场以及周边熟人四处打听。但得到的结果是没有人发现过金橘树会发出声音的怪事，并且几乎所有人还质疑道："怎么可能？金橘树怎会发出声音？"

就这样，一传十，十传百，老人家的小金橘树成了众人慕名参观的对象，金橘树会唱歌的消息也吸引了新闻媒体的关注。内蒙古电视台的《科技之光》栏目，还为会唱歌的金橘树录制10分钟的专题片，随后，内蒙古林科院的有关专家也对这棵金橘树进行研究。

但是至今为止，这一奇怪现象产生的原因还没有确切定论，这一问题还有待于林业、花卉专家进行研究，做出科学的解释。

传说中的"太岁"为何物

中国人把别人侵犯自己怒斥为"在太岁头上动土",以显示自己的威风。而且从古至今一直流传着关于"太岁"的很多传说。"太岁"在人们的眼中变成了一种神秘莫测的力量,一种能够支配和影响人们命运的力量。古籍《山海经》称"太岁"为"视肉、聚肉、肉芝",描述它"食之尽,寻复更生"。李时珍在《本草纲目》中称之为"肉芝",并称其为"本经上品"。秦始皇还曾认定"太岁"是一种长生不老的灵药,命令徐福东渡千方百计去找寻。

那么,传说中的"太岁"到底是一种什么物质?到底长得什么样子呢?

从1992年以来,全国各地共发现"太岁"18次。由于现在拆迁工程增多,15年才发现了18次,可见在古代,"太岁"是多么的稀罕!

1992年8月22日,陕西周至县的一个普通的农妇和儿子到渭河边上去打捞因山洪暴发而冲入河中的浮柴。上午9时许,他们突然看见湍急的河水中有一大块黑糊糊的东西,儿子跳入齐腰深的水中一把抱住此物,将其拖到岸边,将它放在沙滩上仔细察看和触摸。那个物体扁形的,黄黄的,好像牛身上的皮,又像河里的鹅卵石。母子俩当时把它当成是牛腿上的一块肉,便扔在了河边。过了三四天,这位妇女又想起了那个肉团,于是决定再去看看。然而没想到那里的景象让她大吃一惊。盛夏的天气,肉类放到室外半天就可能变质生虫,而那个肉团却没有烂掉,也没有招蚊虫。她觉得这个肉团有点奇特,于是把它搬回来以后,洗干净放到一口大铁锅里。一个星期以后,意想不到的事情再次发生了。肉团竟从二十多千克长到了35千克,看来它是块活肉。她从上面割下来一块,放到水里煮了,肉团变得黏糊糊的,但是没有什么特别的味道。这对母子都吃了,在之后的几天里,他们母子都感到神清气爽，浑身上下有使不完的劲儿。而且，在蚊蝇多如牛毛的三伏天，放置这个"肉团"的屋子里一个蚊蝇也没有。

没过几天，闻讯而来的村民都来割肉，但是切下去一块后，割下来几块肉的地方没过几天便又重新长好。村里的老人就说这就是传说中的太岁，谁吃了就可以延年益寿长生不老。那么这个肉团到底是一个什么样的生物体，它是否是传说中的太岁呢？

据中国一些辞书解释，太岁是古代民间对木星的一个别称，木星每12年要围绕太阳转一圈，它每一年有一个位置，地下相对应的就有一个太岁出现。民间传说盖房子兴土木的时候门不能正对着它在天上的星位，不然地上的太岁就会动怒，久而久之就出现了"太岁头上不能动土"的说法。那么，这个真相不明的肉团是不是就是传说中的"太岁"呢？

科学家们经研究发现，这个不明生物体具有完整的细胞结构。这就证明它确实是一个生物体。但是它在很短的时间里迅速变大，是因为它自身生长的缘故，还是像死去的生物死尸一样在水里泡大的呢？虽然科学实验证明这个肉团是一个活的生物体，但是由于没有一个确切的说法，社会上关于太岁的传说越来越离奇，科学家们也纷纷提出了各种假设和猜想。

第一种说法："太岁"是黏菌群复合体。专家通过高倍显微镜观察发现，组成"太岁"的是非常多的菌体，而且品种各异。结合"太岁"的个体带有一定弹性，还不时分泌出有丝性的黏物等现象，所谓的"太岁"应该就是一种"特大型罕见黏菌复合体"，既有原生质生物的特点，也有真菌的特点，是活的生物体。它是以细菌、酵母菌、霉菌孢子等其他微生物为食，以纤维素、几丁质、甲壳质等为营养，含有蛋白质约50%，以及核酸、酵母菌和霉菌等。

但也有专家对这种结论提出了质疑。因为通过对生命成分的化学分析证实，"太岁"体内虽然含有大量的水，却没有蛋白质、核酸反应，缺少这两个反应，就意味着它是生命体的说法很勉强；黏菌必须具备蛋白质和核酸成分，因此他判断"怪肉"不是黏菌群复合体。但其体内有醛基、醇基或羟基成分，把它放在火上烧，能闻到呛鼻的味道。

第二种说法："太岁"是黏细菌。微生物专家解释，从"太岁"的组成成分来看，它是一种黏细菌，介于原生物与真菌之间的物种。这种黏细菌生活于土壤中，有着极强的生命力。

第三种说法："太岁"是高等真菌。专家将"太岁"切片后放在显微镜下观察，发现其体内具有菌丝，初步确定为高等真菌。

第四种说法："太岁"是迄今发现的最古老的古生物活体标本，是"人类和一切动物的祖先"。

虽然到目前为止，很多专家都基本认定"太岁"为黏菌群复合体的说法，但关于"黏菌群复合体"这一概念是非常模糊的，还不能清楚解释"太岁"为何种物种，唯有通过分子系统分析等研究，才能将"太岁"身上的秘密一一揭开。